JN214178

# 課題解決に役立つ ビジネスツール **98**

平見尚隆 著

同文舘出版

# はしがき

　「理論は理論，実務は実務」と言われますが，それは本当でしょうか。ビジネスの実務において多くの問題に直面することは珍しくありません。そんな時，各種の理論が問題解決の手がかりを提供してくれたり，的確な課題設定と解決へと導いてくれることが少なからずあります。

　これら理論の習得には，一般には経営戦略や財務会計などの分野別に学習するケースが多いと思います。この方法は同じ分野の考え方や理論を統一的に学ぶという点では効率が良いと思われます。しかし，実際のビジネスシーンでは，単一の理論だけではなく，多角的な視点が要求されるケースが数多くあります。例えば，人事・組織の理論に基づき，仕事のやり方を変え，その効果を工学的な手法で評価したり，財務で用いられる投資の考え方を商品戦略に適用したりするなど，経営的な考え方と工学的なあるいはデータ解析的なアプローチと融合していくケースなどです。

　これらの理論の柔軟な組み合わせを可能とするために，本書では，実務で用いられる可能性の高い理論や考え方を，中小企業診断士試験やMBAのカリキュラムなどで広く用いられている科目などに分類しシンプルな形にまとめ説明しています。

　解説では，キーワードに英語を併記しています。この方法を取ることで，理論の学習を進める際にキーワードを意識することができます。これにより，ビジネスの課題解決手法だけでなく，それに関連する英語の表現も同時に習得することが可能となります。これらのツールを日本語と英語の両方で自在に扱うことができれば，個人事業や勤務先の企業の国際化にも大いに貢献できると信じています。

　本書を執筆するにあたって，多くの方の励ましとアドバイスを受けました。ご多忙中に査読いただいた中小企業診断士の三本木至宏先生，髙木健

次先生，ならびに西村英樹先生には大変お世話になりました。皆様のご厚情に心からお礼申し上げます。

　なお，執筆内容は所属企業・団体の見解ではなく，あくまで私個人のものであることを付記しておきます。

　本書は，大学生や新社会人を主な読者として想定していますが，起業家や経営者を含む幅広い層の業務にも大いに役立つ内容となっております。新しいビジネスを創造し，その過程で課題を見つけ出し解決していくための指針として，読者の皆様のオフィスや自宅のデスクに置いていただき，日々の実務に活用していただけることを心より願っています。

著者　平見尚隆

もくじ

## D 商品企画

## G　データ解析

# A

# 戦略立案

# ポーターの競争優位の戦略

Porter's generic strategies for competitive advantage

企業が競争に勝つために採用するべき戦略の分類であり，
自社の戦略整理のために用いられるフレームワーク

マイケル・ポーターは企業が競争に勝つために採用するべき戦略は次の3つに分類されると提唱しました。

**① コストリーダーシップ戦略**（cost leadership strategy）

最低生産コストで低価格の製品やサービスを提供し，市場競争力を強化する戦略です。これは原材料，製造プロセス，サプライチェーンの効率化と販売量増加によるコスト削減などを通じて達成されます。

**② 差別化戦略**（differentiation strategy）

独自の特徴のある製品やサービスで市場において他社との差別化を図り，独特の**ブランドイメージ**（brand image）を構築し，顧客が**プレミアム価格**（premium price）を支払う価値を提供する戦略です。

**③ 集中戦略**（concentration strategy）

特定の市場セグメントやニッチ市場をターゲットとし，選択した市場のニーズに合わせた製品やサービスを提供します。そのため，市場動向の継続的な調査に基づく**知見**（insights）や**専門知識**（expertise）が必須となります。

**販売数**
Volume

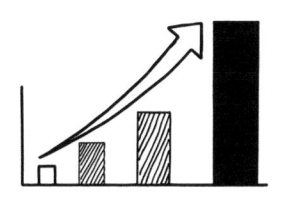

**コスト**
Cost

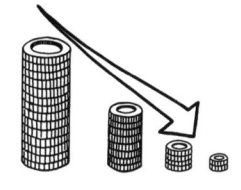

| **業界全体**<br>Total industry | **差別化**<br>Differentiation | **コスト<br>リーダーシップ**<br>Cost leadership |
|---|---|---|
| **特定<br>セグメント**<br>Specific segment | **集中**<br>Concentration | |

**Point**

自社の掲げているビジョンに沿い，市場においてこれまでに確立されている自社商品のポジショニングと競合の状況を考慮しながら戦略を決定していきます。

## BT 2 ファイブフォース分析
Porter's five forces analysis

> 企業には収益性に影響を与える5つの競争力, すなわち脅威が存在すると
> し, その競争環境を評価するポーターが提唱したフレームワーク

　企業が戦略を立てる際に考慮する競争環境を次の5つの力から評価する
ポーターが提唱したフレームワークです。

① **競合**（rivalry）
　同業他社との競争の激しさ

② **新規参入**（new entrants）の脅威
　新しい競争者が業界に参入する容易さ

③ **代替品**（substitutes）の脅威
　顧客が代わりとなる製品やサービスに切り替える可能性

④ **買い手**（buyers）の力
　顧客が価格や条件を左右する力

⑤ **売り手**（suppliers）の力
　原材料やサービスを供給する企業が条件を左右する力

### Point

> 業界における競合相手は市場でのライバル企業だけだと思いがち
> ですが, 実際の企業活動では, それ以外の力が働きます。それら
> も考慮して戦略を立てる必要があり, それらを可能にするフレー
> ムワークです。

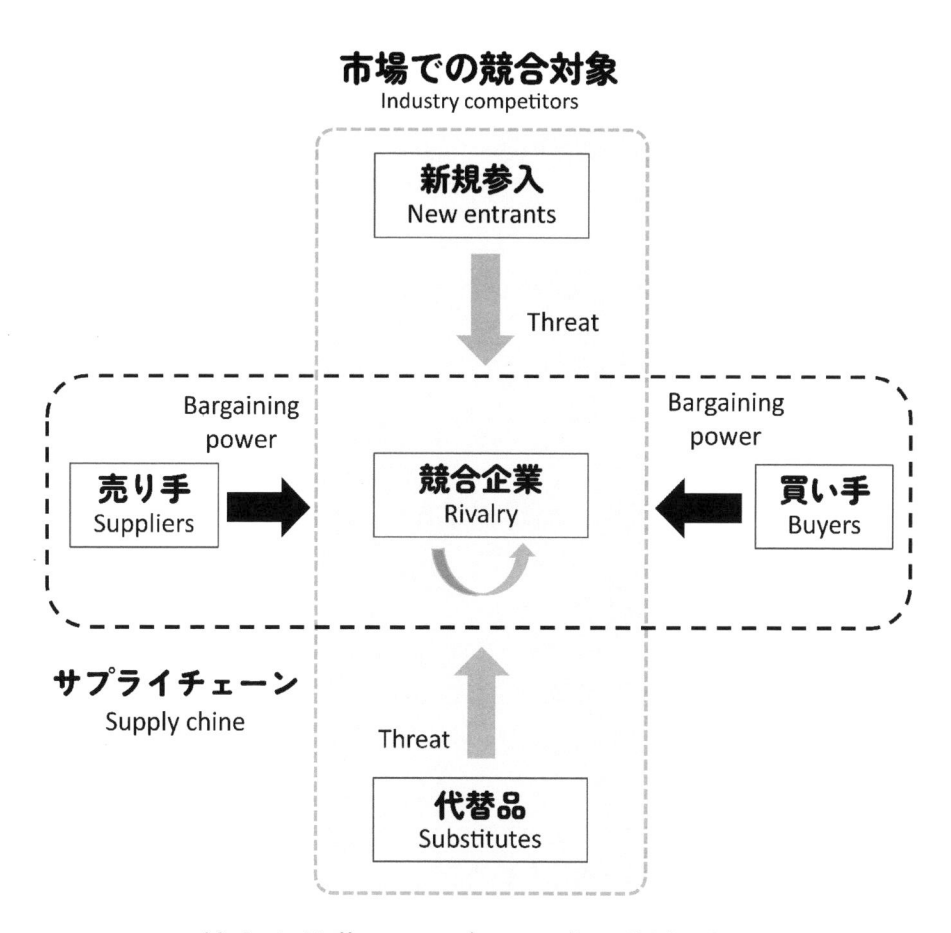

市場での競合対象
Industry competitors

競合を見落としの無いように評価する

# BT 3 アンゾフの成長ベクトル

Ansoff's growth matrix

企業の成長戦略を,既存および新規の商品と市場の組み合わせから
分類したポートフォリオ

アンゾフによると企業の成長戦略は,販売する商品と市場の二軸で構成するマトリクス内の次の4つの基本戦略から成り立っています。

## ① **市場浸透戦略**（market penetration strategy）

マーケティング要素（広告宣伝,価格）を活用し,既存市場でのシェア拡大を目指します。

## ② **新市場開拓戦略**（market development strategy）

未開拓の新市場（顧客層,地域）に既存商品を展開し,売り上げの向上を目指します。

## ③ **新商品開発戦略**（product development strategy）

新商品を,新技術を利用するなどして開発し,それを既存市場の顧客に提供します。

## ④ **多角化戦略**（diversification strategy）

新たな商品・市場分野に進出します。リスクも高いですが,特定の市場や製品に依存しないことで外部環境変化に柔軟に対応可能であり,ポートフォリオによる**リスク分散**（risk dispersion）効果が期待できます。

| | | 商品 （含：サービス）<br>Products (incl. Service) | |
|---|---|---|---|
| | | 既存<br>Present | 新規<br>New |
| **市場**<br>Markets | 既存<br>Present | **市場浸透戦略**<br>Market penetration<br> | **新商品開発戦略**<br>Product development<br> |
| | 新規<br>New | **新市場開拓戦略**<br>Market development<br> | **多角化戦略**<br>Diversification<br> |

---

**Supplement** ✨

「アンゾフの成長ベクトル」という用語は「アンゾフのマトリクス」としても知られています。しかし，このツールが成長戦略の方向性を示しているため，一般には「ベクトル」という言葉が使われています。

## BT 4 クロス SWOT 分析

TOWS analysis

組織の強み, 弱み, 機会, 脅威を組み合わせて分析し,
その行動戦略を立案する手法

　クロス SWOT 分析は, まず組織の**強み**（Strength）, **弱み**（Weakness）, **機会**（Opportunity）, **脅威**（Threat）の現状を特定し, それらの要素を組み合わせて組織の取るべき行動を導き出すプロセスです。具体的には, 以下のようなクロス分析が行われます。

① 強みと機会の組み合わせ（SO 戦略）
② 強みと脅威の組み合わせ（ST 戦略）
③ 弱みと機会の組み合わせ（WO 戦略）
④ 弱みと脅威の組み合わせ（WT 戦略）

　SWOT 分析はその組織の強み, 弱み, 機会, 脅威を特定し, 記述することで組織の状況を明確にする手法です。これに対してクロス SWOT 分析は右下図のように SWOT 分析で得られた結果を組み合わせながら, 具体的な戦略を立案する手法です。

# SWOT 分析
## SWOT analysis

| 強み<br>Strengths | 弱み<br>Weaknesses |
|---|---|
| 他社に対して<br>競合優位な技術やノウハウ | 他社に対して<br>競合劣位な技術やノウハウ |
| 機会<br>Opportunities | 脅威<br>Threats |
| 自社にとって<br>有利となる環境要因 | 自社にとって<br>不利となる環境要因 |

# SWOTクロス分析
## TOWS analysis

SWOT 分析で得られた機会，脅威，強み，弱みを各象限に分類，整理しクロスで参照することでアクションレベルまで展開する。

| 内部環境<br>Internal environment | 外部環境<br>External environment | 強み<br>Strengths<br>他社に対して競合優位な技術やノウハウ | 弱み<br>Weaknesses<br>他社に対して競合劣位な技術やノウハウ |
|---|---|---|---|
| 機会<br>Opportunities | 自社にとって有利となる環境要因 | SO戦略<br>自社の強みで事業機会を取り込む施策 | WO戦略<br>自社の弱みを強化し，事業機会を取り込む施策 |
| 脅威<br>Threats | 自社にとって不利となる環境要因 | ST戦略<br>自社の強みで脅威を克服する施策 | WT戦略<br>自社の弱みを強化し，脅威から身を守る施策 |

# BT 5 3C分析
3C analysis

企業が顧客, 競合, 自社の状況を分析して
競争優位を築くためのフレームワーク

　3C分析は企業が**顧客**(Customer), **競合**(Competitor), **自社**（Company）のそれぞれの要素を整理し, 自社の内部状況と市場でのパフォーマンス, 顧客のニーズと動向, 競合他社のポジションと戦略を分析し, これらの分析結果を基に**競争優位**（competitive advantage）を築くためのフレームワークです。

　この時 Point にあるように3Cを包括する外部環境におけるそれぞれのポジションを明確にするためPEST分析で用いられる以下の点などが活用できます。

➢ 海外展開（overseas expansion）
➢ ITの活用（utilization of information technology）
➢ 国/県の政策（national/provincial policy）
➢ 税制（tax system）
➢ 都市開発状況（urban development status）
➢ 人口動態変化（population dynamics change）

## Point

PEST分析とは**政治的**（Political）, **経済的**（Economical）, **社会的**（Social）, **技術的**（Technological）の各要素を系統的に分析することで外部のマクロ要因を評価するフレームワークです。

# ３Ｃ分析
## 3C analysis

### １. 顧客
### Customer

**顧客の消費動向の変化や将来動向**

⇒ 顧客セグメントの特定
⇒ 顧客ニーズを的確にとらえる

### ３. 自社
### Company

**自社の売り上げ，保有顧客の状況**

⇒ 強み・弱みを客観的に評価
⇒ 補強すべき会社機能の明確化

### ２. 競合
### Competitor

**競合の近年のマーケティング
活動や販売施策**

⇒ 自社の競合優位性の明確化
⇒ 差別化ポイントの特定

## BT 6 企業成長戦略策定フレームワーク
Framework for the establishment of enterprise growth strategy

企業が顧客, 競合, 自社の状況を分析して, 総合的な視点から
成長戦略を描くためのフレームワーク

　いくつかの枠組みを使って，企業としてどの成長機会を訴求していくか
を決めるが，その戦略は社長が「エイヤッ」と決められるものではなく，
各種のフレームワークから得られる会社をとりまく状況をベースに，自社
の経営資源の強みと弱みを企業をとりまく機会と脅威といった外部環境と
照らし合わせた分析である**クロスSWOT分析**（TOWS analysis），あるい
は顧客・競合・自社の現状を分析する3C分析などを用いて方向性を決め
ていきます。その際，自社の**ビジョン**（vision）と整合性が取れているか
といった確認が必要となります。

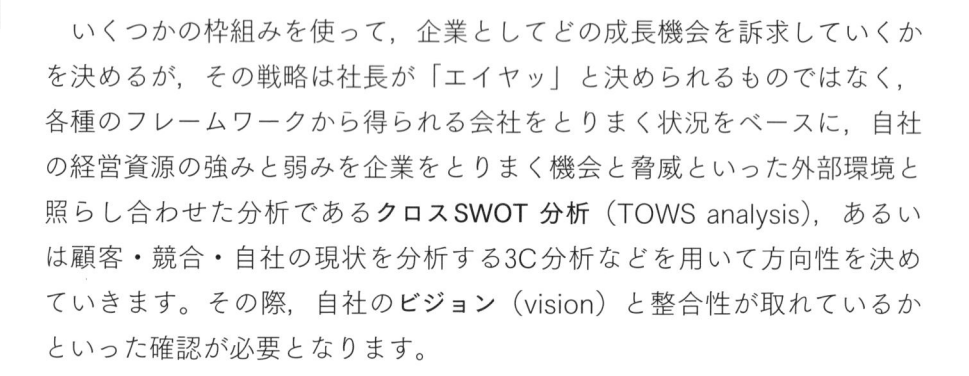
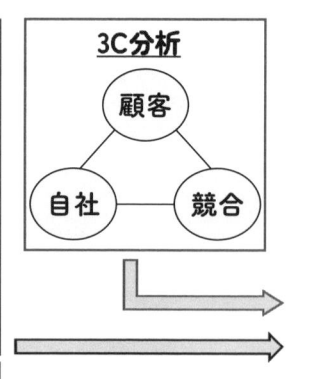

BT
6

**戦略代替案**
Strategic alternatives

〔**優先順位付**〕
Priorities

1. ......
2. ......
3. ......
.
.

**整合性の確認**
Compatibility confirmation

**会社のビジョン**
Company vision

**成長戦略**
Growth strategy

# BT 7 ビジネスモデル構築のフレームワーク

Framework for constructing a business model

企業がどのようにしてお金を稼ぎ，事業を持続可能に運営していくかを
示す仕組みを構築するフレームワーク

ビジネスの基本は顧客に価値を提供することです。同時に，ビジネス活動を持続的に行うためには，その過程で**収益化する**（monetize）必要があります。例えば，物品を調達して販売することで利ざやを稼ぐのは，物販ビジネスの基本的な形です。しかし，現実のビジネスでは，より複雑なプロセスを通じて利益を生み出すことも多々あります。この儲けの仕組みを「**ビジネスモデル**（business model）」と呼びます。

近年のソフトウエア販売などは，従来のCDなどを介しての物販のビジネスモデルから，サブスクリプションモデルへ移行しています。一定期間にわたって商品コンテンツを提供する一方で，消費者から定期的に料金を徴収し，継続的な収入源を確保するモデルです。自社はソフトウエアを開発し，料金徴収などを行うシステムプラットフォーム提供会社との協働でマネタイズしていきます。

事業の業務プロセスの中で，自社とビジネスパートナーの強みをベースに**役割と責任**（roles & responsibility）を明確にし，**提供価値**（value proposition）と利益の構造を明確化することで，ビジネスの全体像がはっきりと見えてきます（右上図）。右下図は「農泊体験をあっせんするスタートアップ」の例です。

## Point 🖐

ここで提示しているビジネスモデル構築のフレームワークは，提供価値，利益，プロセスをシンプルに整理したモデルです。一方，事業全体をより細分化して網羅的に分析するフレームワークとして，アレックス・オスターワルダーが提案した9つの要素から成る「**ビジネスモデルキャンバス**（business model canvas）」などがあります。

# ビジネスモデル
## Business model

| 提供価値<br>Value proposition | 役割と責任<br>Roles &<br>Responsibility | 利益<br>Profit |
|---|---|---|
| **誰に**<br>To whom | **自社**<br>Company | **誰から**<br>From whom |
| **何を**<br>What | X<br>**ビジネス<br>パートナー**<br>Business<br>partners | **何を**<br>What |
| **どのように**<br>How | **儲けの仕組み**<br>Profit structure | **どのように**<br>How |

## 農泊体験をあっせんするスタートアップのビジネスモデル

| 提供価値<br>Value proposition | 役割と責任<br>Roles &<br>Responsibility | 利益<br>Profit |
|---|---|---|
| 田舎の暮らしを短期間に体験してみたい国内外の旅行者 | 旅行者ニーズの把握とネットを駆使したマーケティング | 農泊を旅行者に提供する農家 / 旅行者 |
| 宿泊の場所と農業や伝統的なイベント体験 | X<br>観光組合による地域住民への教育・啓蒙活動と観光資源の管理 | 農家への旅行者の斡旋料 / イベント参加費用 |
| 顧客のニーズに合った農泊場所やイベントを提供する | 儲けの仕組み<br>Profit structure | 顧客がその地域に滞在している期間に直接徴収 |

# BT 8 ビジネスモデル構築の視点
Perspectives on constructing a business model

ビジネスモデルを考える際に有効な示唆を与えてくれる視点

　マーケティングミックス（4P）は，顧客と企業を結びつけるための重要なツールです。新たなビジネスモデルを構築する際には，この4Pを顧客視点の4C（右図）に置き換えることで，従来の考え方に新たな視点を加えることができ，新たなビジネスモデル創造につなげていくことができます。

① 製品（product）は**顧客価値**（customer value）
② 価格（price）は顧客にとっての**経費**（cost）
③ プロモーション（promotion）は顧客との**コミュニケーション**（communication）
④ 流通（place）は**顧客利便性**（customer convenience）

　例えば，果物は必ずしも価格が低いものが良いとは限りません。特別に高級感を加え，ブランドフルーツとして高値で販売することも１つのビジネスモデルです。これにより**贈答品市場**（gift market）において，消費者に新しい価値を提供し，異なる市場セグメントを創造することができます。

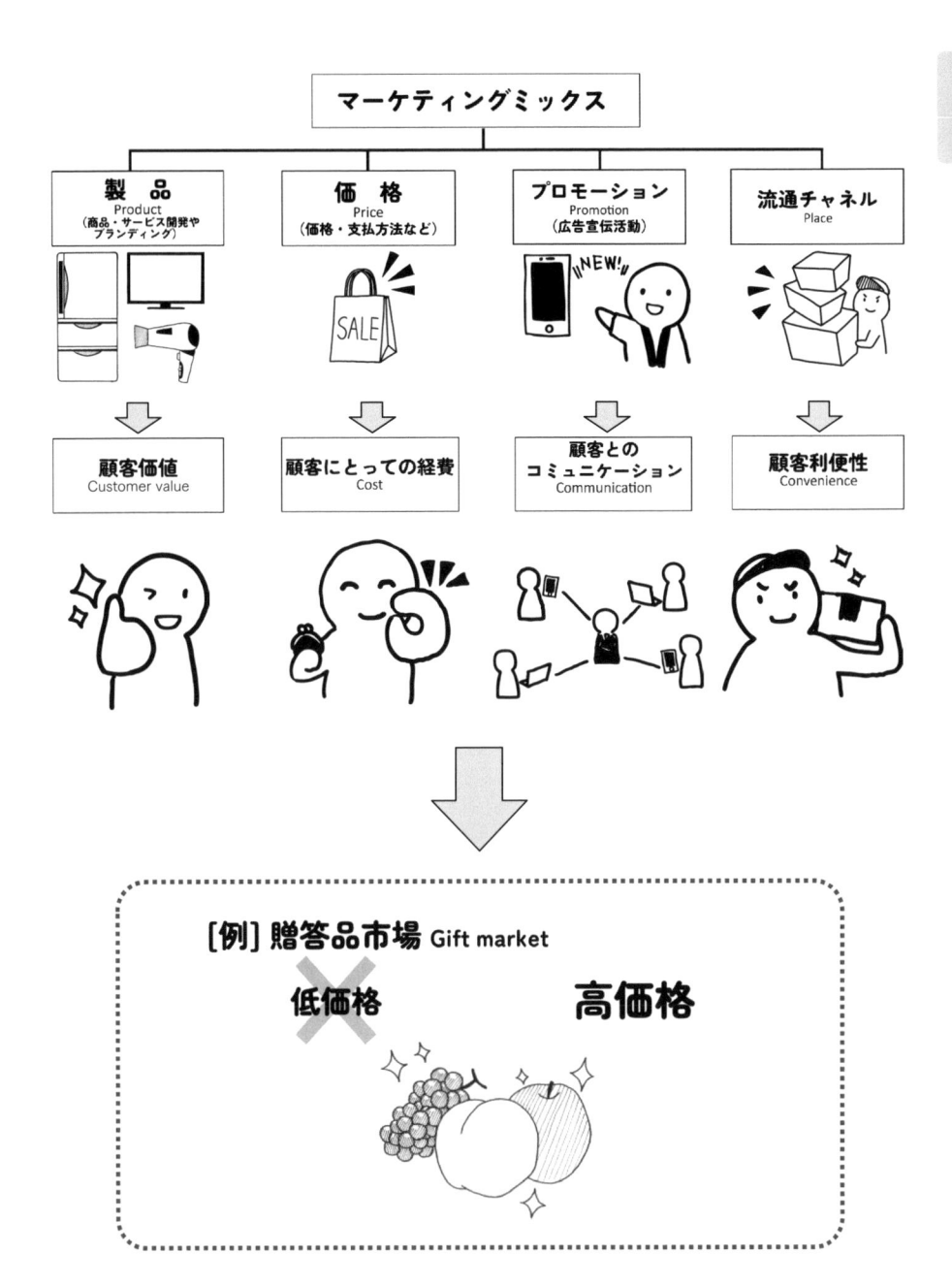

# BT 9 リスク・リターンポートフォリオ
Risk-return portfolio

**企業における技術開発などの投資に関するリスクと
リターンのバランスを管理するための概念**

　ビジネスを持続・成長させるには，安定した収益を生む商品やサービスが必要です。しかし，企業が成長を追求するには，新しい機会に投資しリスクを取ることも重要です。限られたリソースの中で，リスクとリターンを慎重に評価し，最適に配分する必要があります。このプロセスにより，企業はリスクを管理しつつ成長と持続可能性を目指せます。

　この概念をマップに表したポートフォリオにDavid O'Sullivan と Lawrence Dooley が提示したリスク・リターンポートフォリオがあります。以下の四象限に分けて評価します。

① **パール**（pearl）: low risk high return
真珠の養殖は適切な条件下ではリスクが低いにもかかわらず，安定した高いリターンを期待できると言われています。リスクが低く，収益性が高い事業機会に該当します。

② **オイスター**（oyster）: high risk high return
牡蠣ビジネスは，未知の要素が多く，成功すれば大きなリターンが期待できるものの，失敗のリスクも高いと言われているため，新興市場などの高リスク・高リターンな事業機会に該当します。

③ **ブレッド＆バター**（bread & butter）: low risk low return
比較的容易に手に入り，低コストである生活の安定を支えるパンとバターは，低リスクで控えめなリターンを提供する事業機会に該当します。

④ **ホワイトエレファント**（white elephant）: high risk low return
タイ王国などでは，白い象は神聖とされ，王が臣下に贈ることもありましたが，維持に大きな費用が掛かり利益を生む可能性が低い資産でした。このため，白い象はリスクが高く，収益が期待できないプロジェクトに該当します。

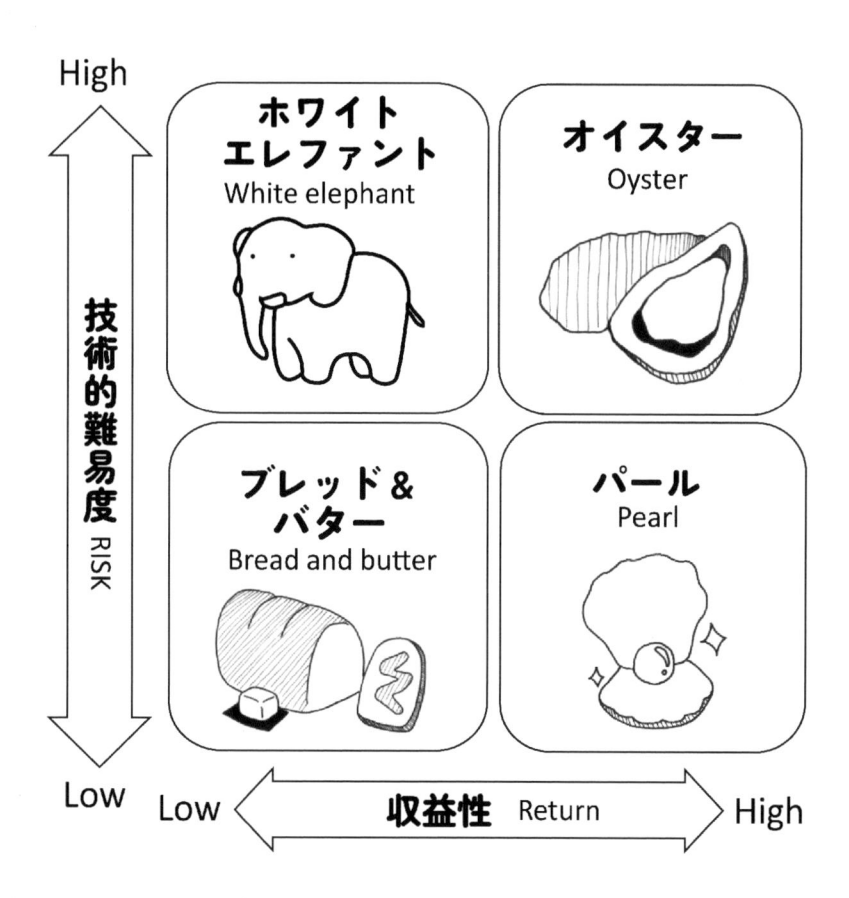

出典：D.O'Sullivan and L.Dooley（2009）*Applying Innovation*, SAGE Publications, Inc.をベースに筆者作成

**Point**

このポートフォリオを活用し，企業戦略において成長を重視する場合は「パール」のプロジェクト開発を，成長の方向転換を検討している場合は「オイスター」を推進します。一方，リスクを最小限に抑えたいと考えている場合は，「ブレッド＆バター」のプロジェクトに注力し，将来の機会が訪れるまで待機するなどの検討を行います。

# B

# 組織・意思決定

## BT 10 バーナードの経営組織成立理論

Barnard's theory of organizational establishment

チェスター・バーナードが提唱した,組織がいかにして成立し
機能するかに関する理論

　バーナードは,組織の成立のためには,**共通目的**（common purpose）
が必要であり,それを達成するために,組織内の個々のメンバーが**役割**（role）
を果たし,組織の目的達成に協力することが重要であると強調しています。
　その際,組織内での効果的な**コミュニケーション**（communication）を
通じて,組織がメンバーに対して提供する**誘因**（incentive）が個人の**貢献**
（contribution）意欲よりも大きくなることが,**動機付け**（motivation）に
つながるとしています。

### Point

バーナードの理論では,共通目的,貢献意欲そして効果的なコミ
ュニケーションが重要としています。
これはBT11「ビジョン・ミッション・バリュー」を規定するこ
とにつながっていきます。ビジョンは共通目的を明確にし,ミッ
ションは組織の目的と個々の役割と貢献を結びつけ,バリューは
共通の価値観を確立し,効果的なコミュニケーションと協力を促
進します。

## 【理論】経営組織の成立（バーナード）

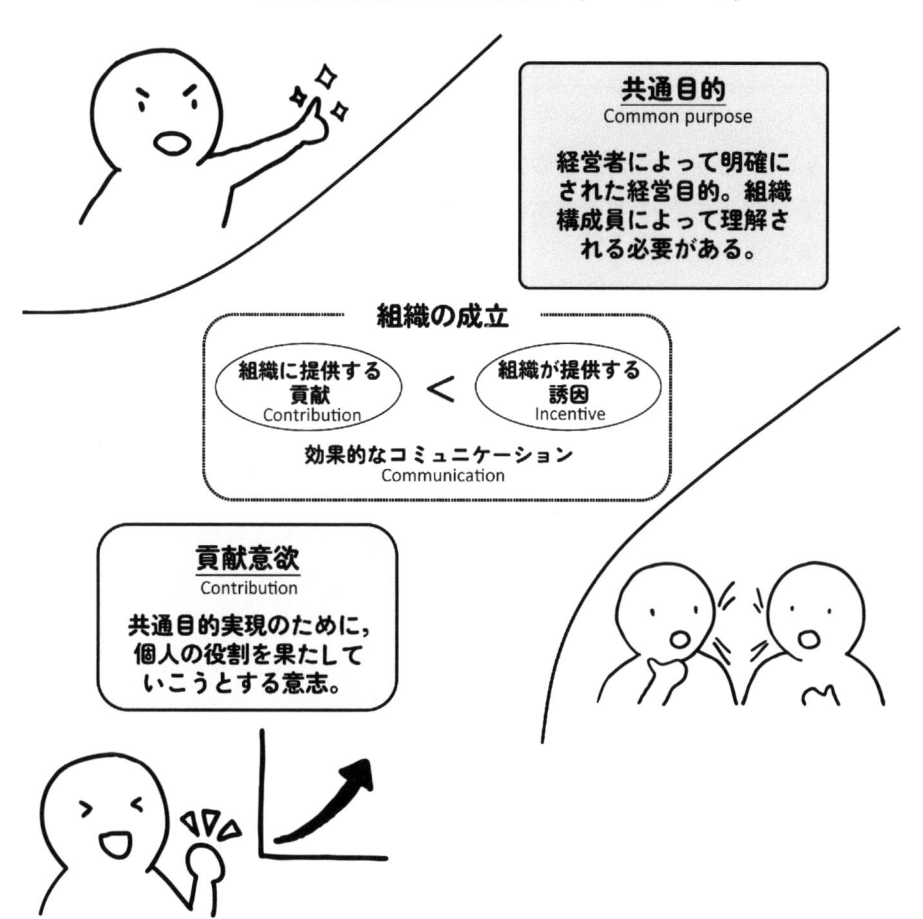

**共通目的**
Common purpose

経営者によって明確にされた経営目的。組織構成員によって理解される必要がある。

**組織の成立**

組織に提供する貢献
Contribution

＜

組織が提供する誘因
Incentive

効果的なコミュニケーション
Communication

**貢献意欲**
Contribution

共通目的実現のために，個人の役割を果たしていこうとする意志。

# ビジョン・ミッション・バリュー
## Vision, Mission, Value

企業活動のすべての意思決定と行動の基本的なガイドラインとなる「指針」

　ビジョン（vision）は，企業の文化やアイデンティティの核となる要素で，その企業が将来に向けてどのような目標や志を持っているかを社会全体に対して示します。

　［例］革新的なテクノロジーを通じて，世界中の人々の生活を豊かにし，より良い未来を創造します

　ミッション（mission）は企業がどのようにしてビジョンを実現するかを具体的な行動に落とし込んだもので，日々の業務の指針となります。

　［例］環境，健康，福祉といった分野において，テクノロジーの可能性を最大限に追及し，革新を推進します

　バリュー（value）は企業が大切にしている信念や原則であり，あらゆる意思決定時において判断に迷ったときにその標準（standard）や行動のガイドラインとなるものです。

　［例］安全，信頼，持続可能

## Point

ビジョンとミッションは混同されがちですが，ビジョンは長期的に「何を目指すか（what to aim for）」，ミッションは短中期に「何をするか（what to do）」に関するメッセージで，ミッションは特に社内でそのビジョンを実現するための具体的な行動や取組みを指すと捉えると理解しやすいです。

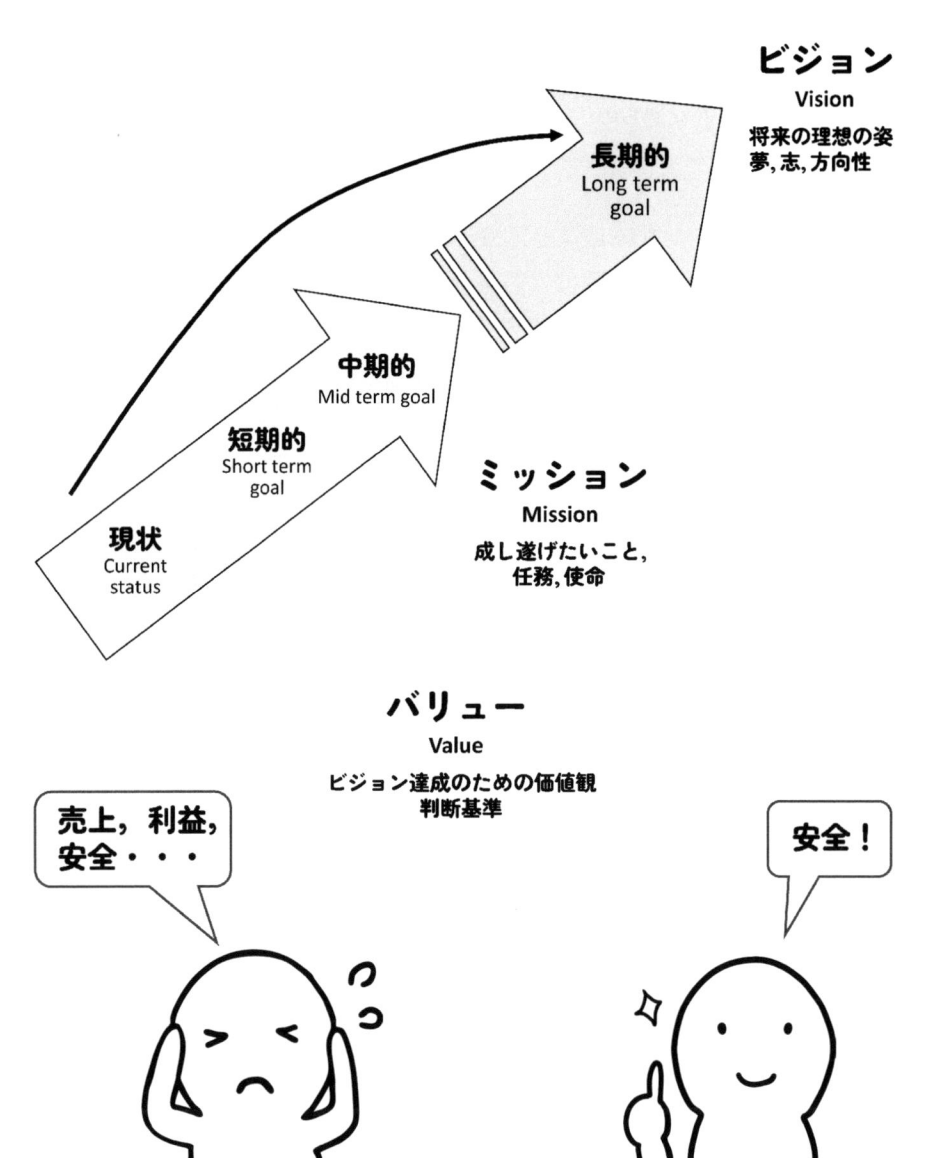

# ガンディーの七つの社会的罪

**BT 12**

Gandhi's seven social sins

マハトマ・ガンディーが指摘した社会における
倫理的・道徳的な過ちのリスト

　ガンディーはこの世に七つの社会的罪が存在すると唱えました。これらは単に法律的な規範や宗教的な教えだけでなく、普遍的な**倫理**（ethics）と**道徳**（morality）に基づく行動の原則に関連するものです。ガンディーは、これらの罪が個人の内面と外界の行動の両方において、正義、誠実さ、責任の欠如を示していると考えていました。

　特に5番目の道徳なき**商業**（commerce）はビジネスのマネジメントに直結するものです。道徳的な基準を欠いた商売は、消費者やビジネスパートナーとの信頼関係を破壊し、長期的には企業の評判や業績に悪影響を及ぼすことになります。

## Point

経営者から一般従業員に至るまでの各活動において倫理的に正しい意思決定を行い、企業が**社会的責任**（social responsibility）を果たすためのガイドラインとして機能します。

**1. 理念なき政治**

Politics without principles

**2. 労働なき富**

Wealth without work

**3. 良心なき快楽**

Pleasure without conscience

**4. 人格なき学識**

Knowledge without character

**5. 道徳なき商業**

Commerce without morality

**6. 人間性なき科学**

Science without humanity

**7. 献身なき信仰**

Worship without sacrifice

# BT 13 計画におけるグレシャムの法則
Gresham's law in planning

短期的な利益や表面的な成果を重視した活動や意思決定に忙殺されると将来の重要な計画策定が実質的に消滅するという法則

「グレシャムの法則（Gresham's law）」は，もともと経済学の概念で「悪貨は良貨を駆逐する」という意味です。これは，価値の低い貨幣が過剰に市場に出回ると，価値が高い貨幣が市場から消えてしまう現象を指します。

これが転じて「計画におけるグレシャムの法則」は，経営者が短期的な利益や表面的な成果の優先度を高め，それらの業務に忙殺されることで，新たなビジネスの拡大などより本質的で質の高い計画や実施が損なわれる傾向がある問題を指摘するために用いられます。

## Point

反復的に発生する問題に対する**定型的意思決定**（routine decision-making）は，あらかじめ定められた手続きで決定可能であるにもかかわらず，これに忙殺されると，既存のプロセスでは決定できない**非定型的意思決定**（non-routine decision-making）に時間がさけなくなります。

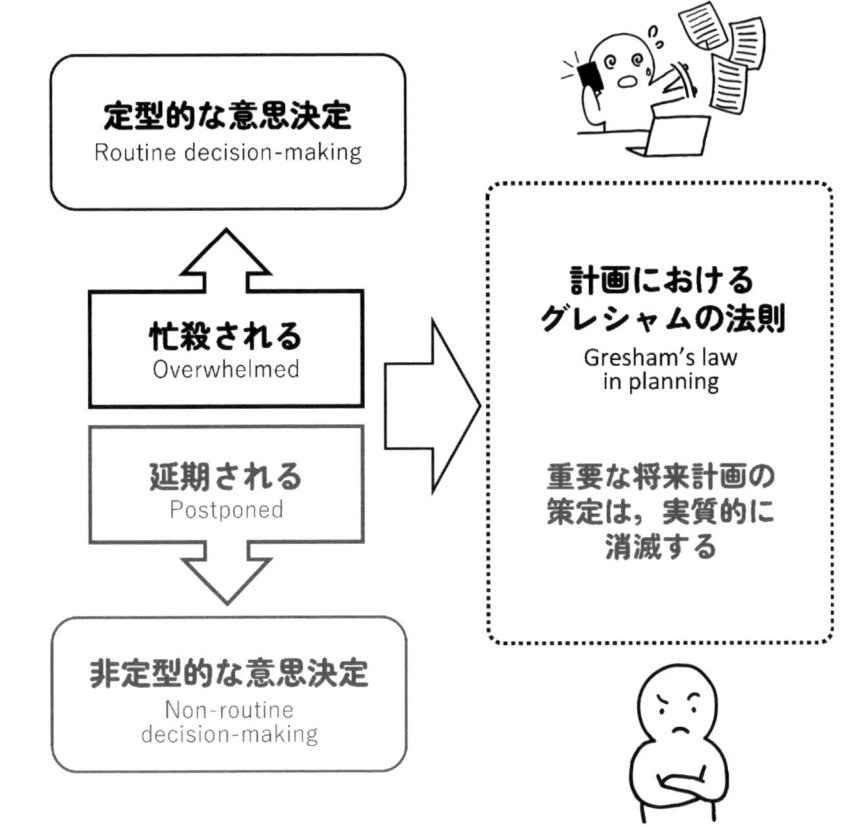

定型的な意思決定
Routine decision-making

忙殺される
Overwhelmed

延期される
Postponed

非定型的な意思決定
Non-routine
decision-making

計画における
グレシャムの法則
Gresham's law
in planning

重要な将来計画の
策定は，実質的に
消滅する

# BT 14 例外の原則

## Management by exception

日常的な業務や決定は現場管理職や従業員に任せ,
経営幹部は例外的な状況や重要な決定のみを扱うべきという考え方

　経営における「**例外の原則**（management by exception）」は, 効率的な管理手法の1つで, 日常的な業務や決定は現場管理職や従業員に任せ, 経営幹部は例外的な状況や重要な決定のみを扱うという考え方です。

　この原則の目的は, 管理者の時間と労力をより重要な問題に集中させる「**重点指向**（priority focus）」の考え方からきています。

　管理者が日常業務から解放されることで, より戦略的な計画や重要な問題への対応に集中できるようになります。

　従業員はより多くの責任と**自律性**（autonomy）を持つことになり, これがモチベーションの向上につながることが期待されます。

## Point

例外の原則を実施するためには, 社内での意思決定や任務遂行における権限と責任の範囲を定めた**権限規程**（delegation of authority policy）を作成, 運用する必要があります。例えば予算承認, 人事決定, 契約締結などに必要な権限を定めます。

## 権限委譲
Delegation of authority

# ロジカル思考
## Logical thinking

合理的で整理された方法で問題を解析し，結論を導く思考プロセス

　ロジカル思考（logical thinking）は，論理的に一貫性があり，**事実**（fact）に基づいた判断を行うことを特徴とする思考プロセスです。以下のステップで構成されることが一般的です。

① 問題の定義：解決すべき具体的な問題点を特定
② 情報収集：問題解決に必要な関連情報やデータの収集
③ 情報の整理：収集した情報の整理。一般には**ミーシー**（MECE）の原則を用いた，**ロジックツリー**（logic tree）の作成
④ 仮説の設定：状況分析を基に解決策の仮説を立案
⑤ 分析と評価：仮説とデータや事実を論理的に照合
⑥ 結論の導出：分析結果を基に最適な解決策や結論を導出
⑦ 行動計画：導出された結論に基づき，実行可能な**行動計画**（action plan）を立案

　右図の例ではある商品の売上増大の対策案をマーケティングの4Pを用いてMECEで展開した例です。例えば，ターゲット顧客からのフィードバックを集積・分析し，それに合わせた広告キャンペーンを行っていくという提案に結びつきます。

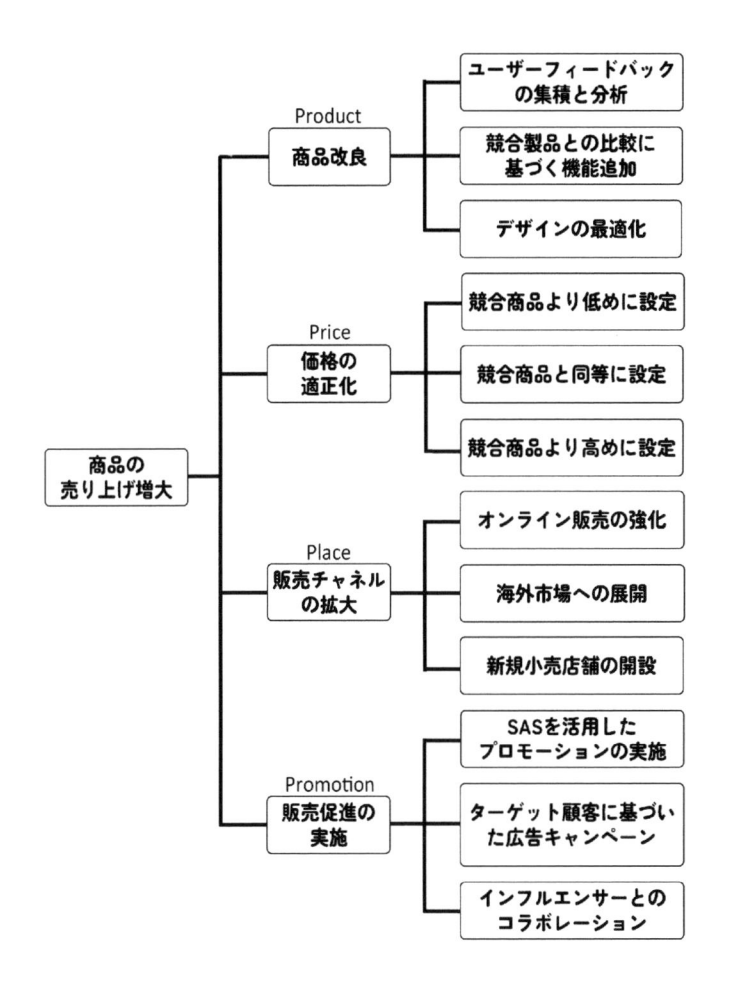

---

**Point**

ミーシー（MECE）は，mutually exclusive, collectively exhaustive の略語で，問題解決やデータ分析において情報を体系的かつ網羅的に整理するためのフレームワークです。この原則に従って情報を整理すると，**重複なく**（mutually exclusive），かつ**漏れなく**（collectively exhaustive）すべての可能性をカバーすることができます。

# BT 16 クリティカル思考
Critical thinking

情報や主張を客観的かつ論理的に分析・評価し，
偏見や感情に左右されずに結論を導き出す思考法

　クリティカル思考（critical thinking）は目的志向や問題解決，論理的思考などの要素を含む包括的な思考法です。各々の考え方と同一視されることもありますが，これらを組み合わせた思考プロセスです（右図）。個人や組織の**目的**（purpose）が決まれば**目標**（objective）が設定されます。その目標と**現状**（present situation）間のギャップを埋めるために必要な**問題解決**（problem-solving）のためのアクションが**課題**（issue）です。

　それらの現状や目標の設定，そして**論理的な思考方法**（logical thinking）に基づく**推論**（inference）活動のための**前提**（premise）となる外部の**情報**（information）や**事実**（fact）を，その時代や**社会的環境**（social environment）に基づいた**批判的**（critical）な見方で取捨選択し，検討の前提を固めていきます。本書ではこのプロセスを**クリティカルフィルタリング**（critical filtering）と呼んでいます。その後，検討の各種課題を明確にしながら思い込みを排除し，論理的な思考で推論していき，**論拠**（argument）を導き出します。そして**結論**（conclusion）につなげていく思考法です。

　例えば「老後の2000万円問題<sup>(*)</sup>」が話題に上ったとき，本当に自分は2000万円必要なのかをまず考えます。そして，それを確信した場合は，現在の金融資産との差をどうやって埋めていくのか考えていく必要が出てきます。そこで，日本に数多くある貯蓄や投資商品を明確にし，リスクを考慮しながら，選択ケースにより自分の資産がどのように増えていくのか，推論を重ねます。その過程を繰り返し，自分なりの論拠を持って実施案に結論付けていきます。これがクリティカル思考の大まかなプロセスの例です。

（＊）　2019年の金融庁報告書で，夫婦の年金だけでは毎月約5万円が不足し，老後に約2000万円の資金が必要とされた議論。

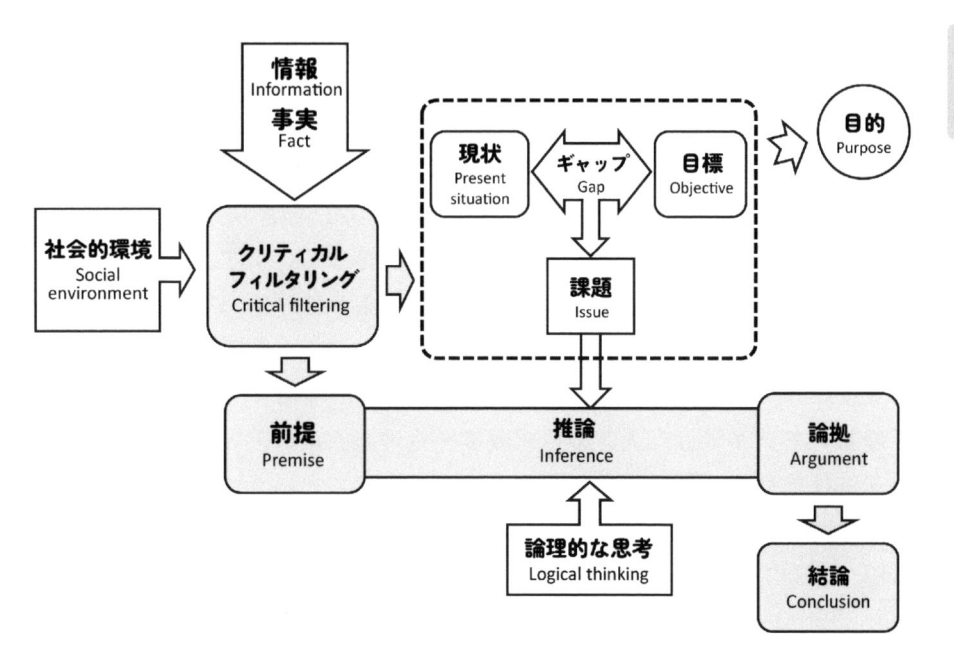

### Point

2009年に当時のオバマ米国大統領が国家教育政策に関し21世紀には問題解決，クリティカル思考，**アントレプレナーシップ**（entrepreneurship）と**創造性**（creativity）が重要となると述べています[*]。クリティカル思考はこのように教育の柱の１つとして位置付けられており，学問的な領域の枠を超え，ビジネスや日常生活においても役立つ普遍的なスキルとみなされています。クリティカル思考は，情報を分析し，誤った情報や偏見を見抜き，情報を深く理解し，より良い意思決定を行うことにつながります。

（＊）　Jonathan Haber, Critical Thinking, The MIT Press Essential Knowledge Series,2020

# 経営人モデル
## Managerial man model

意思決定者は完全な情報を持っておらず, 限られた合理性の中で
「十分に満足できる」選択を追求するという考え方

経営人モデル（managerial man model）は経済人モデル（economic man model）との対比で説明されます。ともに, 意思決定の理論的アプローチですが, それぞれ異なる前提と特徴を持っています。

経済人モデルでは, 経済人は完全な情報収集・処理能力を持ち, 経済的合理性, 極大化で行動します。目標は高いほど良いとする極大化基準をとります。

経営人モデルでは, 人間の情報収集・処理能力には限界があり, すべての可能性の列挙, 結果の完全予測・評価は不可能という立場をとります。そのうえで代替案を設定し, その選択は「十分満足できる（fully satisfied）」かという満足化基準で行われます。

## Point

満足化基準では, 意思決定の際に複数の選択肢（例えば3つ）を用意し, その中からベストなものを選択します（BT18参照）。その選択肢で満足できるのであれば, それを意思決定とみなします。このモデルは, 現実世界の**複雑性**（complexity）と**不確実性**（uncertainty）を反映したビジネス遂行における意思決定プロセスと言えます。

## 経済人モデル
Economic man model

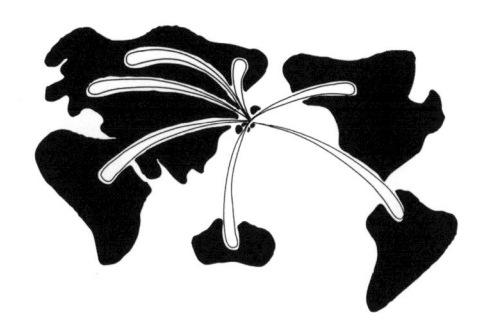

## 極大化基準で行動
Act according to
maximization criteria

## 経営人モデル
Managerial man model

## 満足化基準で行動
Act according to
satisfaction criteria

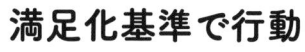

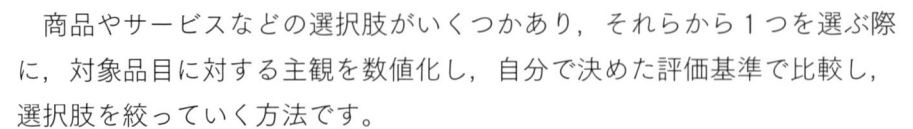

# BT 18 階層化意思決定分析法（AHP）
Analytic hierarchy process

複数の代替案を比較・検討し，最適な案を選ぶ際に，
複数の基準を用いて，定量的に分析・判断を行う手法

　商品やサービスなどの選択肢がいくつかあり，それらから1つを選ぶ際に，対象品目に対する主観を数値化し，自分で決めた評価基準で比較し，選択肢を絞っていく方法です。

　次のステップで意思決定を図っていきます。

① 問題の階層化：自身が設定した問題の**階層構造図**（hierarchy chart）を作成します。
② 一対比較：各階層内の評価基準を相互比較し，どの評価基準を重視していくかを明示した**比較行列**（comparison matrix）を作成します。
③ 各評価基準の重要度の導出：比較行列から，相対的な各評価基準の重要度を算出します。
④ 評価基準ごとの代替案の評価値：評価基準ごとの代替案間の一対比較表を作成し，各代替案の評価値を算出します。
⑤ 総合評価：各代替案において各評価基準にその重要度を乗じ総合評価を行い，最も好ましい代替案を決定します。

## Examples

➤ 出張に行く際の航空会社の選択。3社から1社選択する（右図：A航空，B航空，C航空を料金，座席の広さ，料理の質で評価して，C航空を選んだ例）
➤ 旅行に行く際に泊まるホテルをいくつかの視点から評価し選択する
➤ 新商品開発のためのアンケート調査で候補製品を選定する際，製品ごとの評価項目を明確にして候補を絞り込む

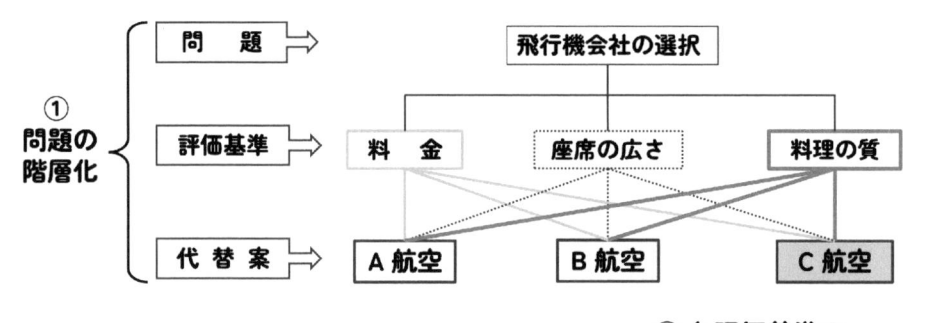

① 問題の階層化

問　題 → 飛行機会社の選択

評価基準 → 料　金　／　座席の広さ　／　料理の質

代替案 → A航空　／　B航空　／　C航空

② 一対比較　③ 各評価基準の重要度の導出

|  | 料金 | 座席の広さ | 料理の質 | 幾何平均 | 重要度 |
|---|---|---|---|---|---|
| 料金 | 1 | 1/3 | 5 | 1.1856 | 0.2969 |
| 座席の広さ | 3 | 1 | 5 | 2.4662 | 0.6175 |
| 料理の質 | 1/5 | 1/5 | 1 | 0.3420 | 0.0856 |

④ 評価基準毎の代替案の評価値

[料金]

|  | A航空 | B航空 | C航空 | 幾何平均 | 評価値 |
|---|---|---|---|---|---|
| A航空 | 1 | 1/3 | 1/5 | 0.4055 | 0.1047 |
| B航空 | 3 | 1 | 1/3 | 1.0000 | 0.2583 |
| C航空 | 5 | 3 | 1 | 2.4662 | 0.6370 |

[座席の広さ]

|  | A航空 | B航空 | C航空 | 幾何平均 | 評価値 |
|---|---|---|---|---|---|
| A航空 | 1 | 1/3 | 1/3 | 0.4807 | 0.1429 |
| B航空 | 3 | 1 | 1 | 1.4422 | 0.4286 |
| C航空 | 3 | 1 | 1 | 1.4422 | 0.4286 |

[料理の質]

|  | A航空 | B航空 | C航空 | 幾何平均 | 評価値 |
|---|---|---|---|---|---|
| A航空 | 1 | 3 | 3 | 2.0801 | 0.5842 |
| B航空 | 1/3 | 1 | 3 | 1.0000 | 0.2808 |
| C航空 | 1/3 | 1/3 | 1 | 0.4807 | 0.1350 |

⑤ 総合評価

[総合評価]

|  | 料金 | 座席の広さ | 料理の質 | 総合評価 |
|---|---|---|---|---|
| 重要度 | 0.2969 | 0.6175 | 0.0856 | |
| A航空 | 0.1047 | 0.1429 | 0.5842 | 0.1693 |
| B航空 | 0.2583 | 0.4286 | 0.2808 | 0.3654 |
| C航空 | 0.6370 | 0.4286 | 0.1350 | 0.4653 |

このケースでは総合評価でC航空の点数が最大であり，最適な選択肢と判断される。

# C

# マーケティング

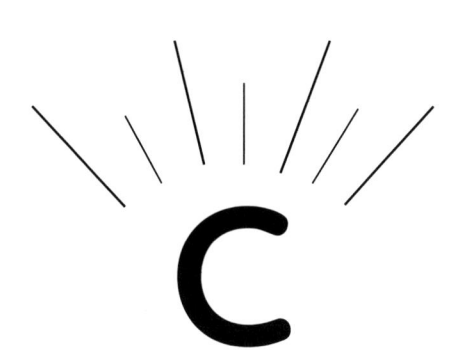

# セグメンテーション

Segmentation

ビジネスで対象とする市場や顧客を,
特定の基準や特性に基づいて区分する手法

マーケティング活動ではまず対象としている特定の商品群を, さまざまな基準や特性に基づいて**細分化**(segmentation)します。この行為をセグメンテーションあるいは市場細分化と呼びます。

細分化された集合体は**セグメント**(segment)と呼ばれ, このセグメントを規定することでターゲットが明確になります。対象とする顧客のニーズに的確に対応できるようになります。

なお, セグメンテーションが細分化されすぎた場合, 特定のセグメントに集中することになり, 他の機会を逃すリスクが出てきます。一方, 大まかなセグメンテーションでは, 各セグメントの特性を正確に捉えられず, ターゲットのニーズを正確に絞り込めない可能性があります。

## Point

細分化する基準や特性は, 情報や要素を**重複なく**(mutually exclusive)かつ**漏れなく**(collectively exhaustive)分類するフレームワークである MECE の原則に従い設定します。一般的には対象市場を①**地理的**(geographical)(国内のエリアなど), ②**人口統計的**(demographic)(年齢・収入・教育レベルなど), ③**心理的**(psychological)(ライフスタイル, 価値観など), ④**行動的**(behavioral)(製品に対する顧客の考え, 使用用途など)などの基準で分類していきます。

# 行動的基準での自動車の分類例
Examples of automobile classification
by behavioral criteria

### 使用用途（ボディースタイル）
Usage (Body style)

要求サイズ
Required size

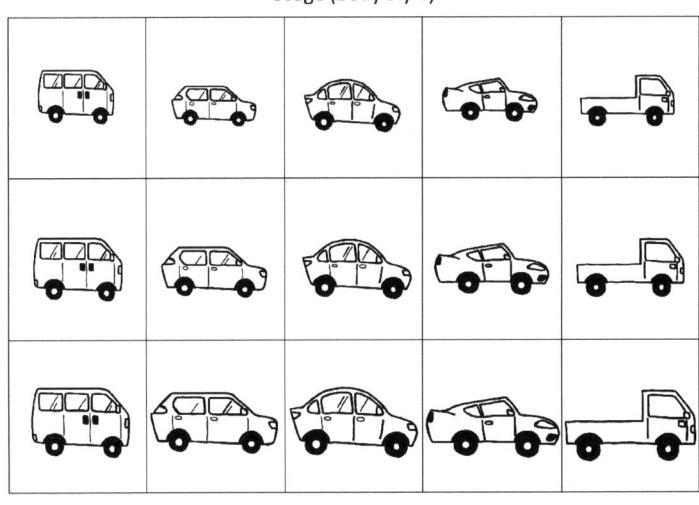

一定の規模/同質的なニーズ
を持つ消費者の集合に細分化する

# BT 20 ターゲティング

Targeting

特定の市場セグメントの特性やニーズを分析し，自社ビジネスの目標に最も適した魅力的なセグメントを選定するプロセス

　取り扱う商品市場のセグメンテーションを行い，自社ビジネスの目標に最も合致する魅力的なセグメントを選択します。その後，そのセグメントに特化した製品，サービス，マーケティングメッセージを開発します。その活動はターゲティングと呼ばれ，一般に次の3つのアプローチがあると言われています。

**① 無差別型**（undifferentiated type）

　市場でのセグメンテーションの存在は理解しつつも（例えば，右図の薄い商品から成る分類），それらのいくつかの異なるセグメントの消費者に対して同じ商品（濃い色の商品）を提供する。

**② 差別型**（differentiated type）

　市場でのセグメンテーションに従って，いくつかのセグメントを選択し，それぞれに対応した商品を提供する。

**③ 集中型**（concentrated type）

　市場でのセグメンテーション内の1つのカテゴリー（例えば，右図のトラック市場）に集中し，その中の1つまたは複数のセグメントを選択し，そのセグメントに特化した商品を提供する。

市場のセグメンテーションに基づき
企業戦略に最も合致するセグメントを選択する

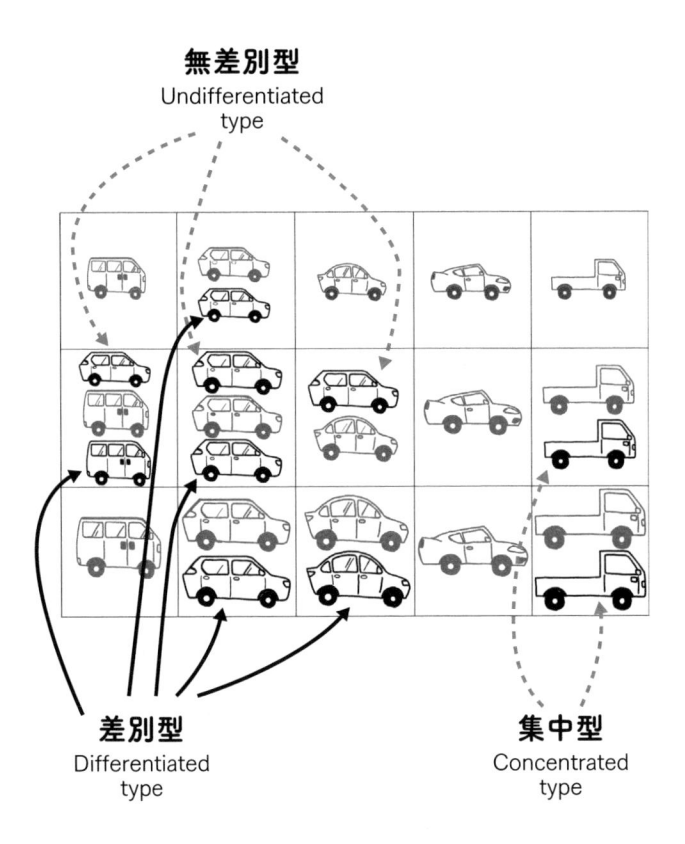

**無差別型**
Undifferentiated
type

**差別型**
Differentiated
type

**集中型**
Concentrated
type

**Point**

①無差別型はバリエーションを限定できるのでコスト低減につながりますが，消費者の満足度は低く売り上げも限定的となります。
②差別型は消費者の満足度は高く売り上げも向上しますが，コスト増につながります。
③集中型は資源の有効活用につながり，コストを抑えることが可能ですが，対象セグメントの消滅などのリスクがあります。

# ポジショニング

Positioning

消費者の意識の中で，その商品やブランドが他の商品と比較して
占める位置付け

　取り扱う商品市場のセグメンテーションを行い，自社が入っていくセグメントを選択します。その後，自社の商品やサービスをそのセグメントの中でどのようなポジションに位置付けるかを決定していきます。

　一般には「信頼性が高い」とか「値段が安い」などの表現が用いられますが，「品質」と「コスト」といった評価軸を設定し，そのマップ上で視覚的に表現することも行われます。

　なお，そのマップ上で自社の商品やブランドをどこに位置付けていくかは，マーケティングミックスとして知られている**製品**（Product），**価格**（Price），**流通**（Place），**プロモーション**（Promotion）の４つの要素である4Pを戦略的にコントロールしていくことで実現していきます。

### Point

ポジショニングは，消費者の意識内にある製品やブランドのイメージであり，ポジショニング戦略の目標となります。一方，マーケティングの4Pはそのポジショニングを市場で実現するための具体的な手段です。

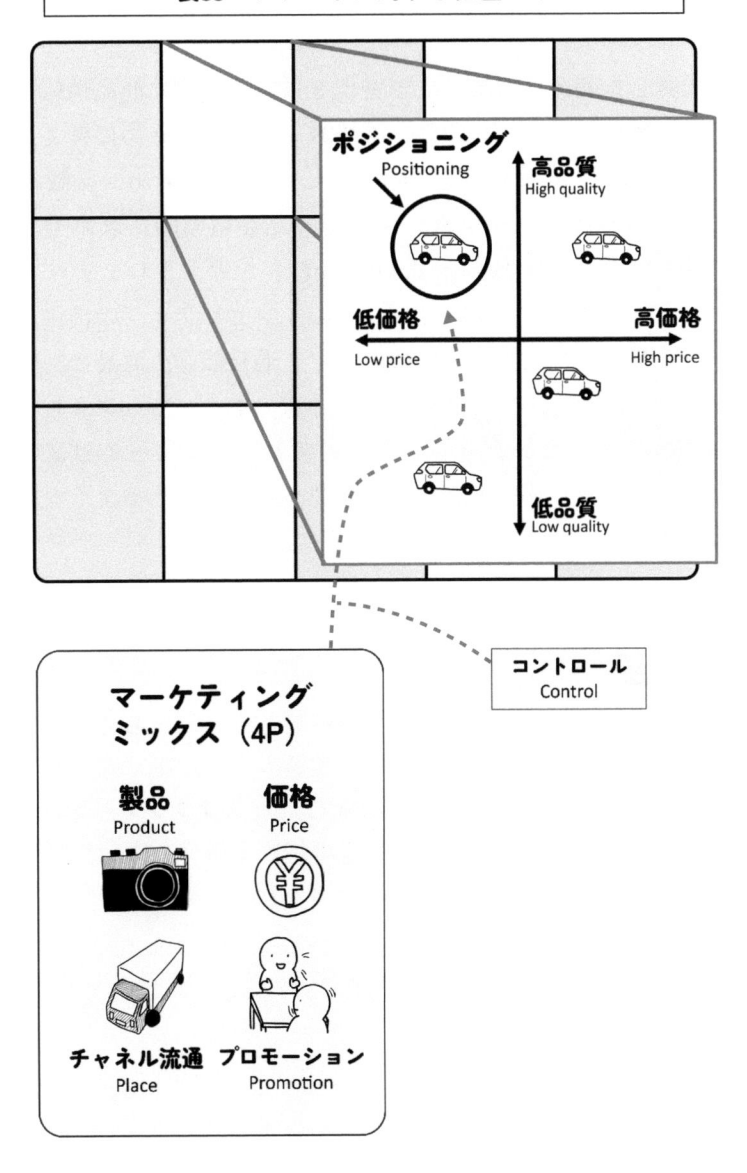

消費者の意識の中で占めているそのセグメント内での
製品・ブランドに対する位置づけ

ポジショニング
Positioning

高品質
High quality

低価格
Low price

高価格
High price

低品質
Low quality

コントロール
Control

マーケティング
ミックス（4P）

製品
Product

価格
Price

チャネル流通
Place

プロモーション
Promotion

# プッシュ戦略とプル戦略
Push strategy and pull strategy

**企業が商品を顧客に販売していく際に取り得る相補的な戦略**

　企業が開発した商品は一般に広告宣伝を通じて顧客に商品情報が伝えられ，販売されていきます。この時，販売数を拡大するために考えられる戦略に，顧客へ商品を積極的に押し込んでいく「**プッシュ戦略**（push strategy）」と顧客の関心を引き，彼らが商品を積極的に求めてくるように動機付けていく「**プル戦略**（pull strategy）」が考えられます。

　プッシュ戦略は流通業者や小売業者へのインセンティブの提供，デモンストレーション販売の実施，訪問販売などを通じ顧客へ商品の特徴や利点を強調して伝え，販売圧力を高めていく方法です。一方，プル戦略はマーケティングの4Pやブランディングを活用することによって顧客のこれらの商品に対する購買意欲を刺激し，その商品を探し求めるような状況に持っていく戦略です。

## Point

　プル戦略とプッシュ戦略は相反する戦略と思われがちです。しかし，プッシュ戦略は新たな商品を市場導入後，即座に商品展開を図る場合に有効である一方，プル戦略は企業**ブランド**（brand）の認知度を中長期的に高め，市場での地位を確立したい場合に有効です。これらの戦略はしばしば併用され，安定販売のために補完する形で用いられます。

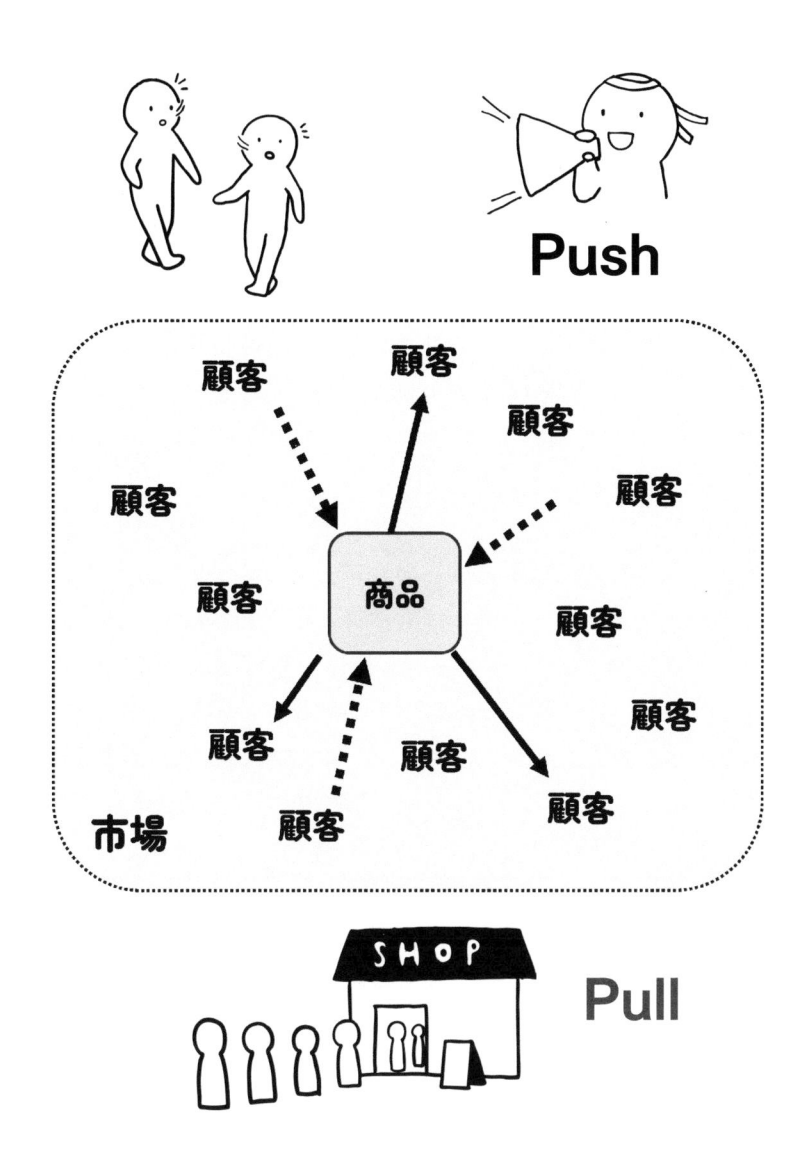

**Push**

顧客
顧客
顧客
顧客
顧客
商品
顧客
顧客
顧客
顧客
顧客
市場
顧客

**Pull**

SHOP

## BT 23 世代
Generation

同時代に生まれ, 共通した考え方と感じ方を持つとされる人々の集団

世代の特徴は, 特定の集団の少年期, 思春期といった多感な時期や大学受験と就職といった人生の重要な節目における社会環境や社会システムの変化によって形成されていきます。

日本とアメリカではそれぞれの国での歴史や文化・社会・経済的な出来事が異なるため, 名称や定義に相違点が見られます。ただし, Z世代 (generation Z) などではITによるボーダレス化が進む現代, 共通点も多くなっているとも言われています。

右図を用いることで, 対象とする該当年とその年の年齢がわかれば, その人の世代が特定できます。例えば, バブル期と言われる1986年～1991年においては**生産年齢** (working age) と言われる15歳から65歳未満は氷河期世代から昭和一桁世代までの人たちで構成されており, その多様性が見て取れます。

### Point

マーケティングの観点からは, ターゲットとする顧客層の世代の特徴を正しくつかむことで, 彼らの特性をより正確に理解し, 対応することができるようになります。

# 1960年以降に生まれた人の世代分類

**生まれた年**

| 1960 | 1970 | 1980 | 1990 | 2000 | 2010 | 2020 | 2030 |
|------|------|------|------|------|------|------|------|

**アメリカでの分類**

| Gen. X | | Gen. Y | | Gen. Z | | Gen. α | |
|--------|--|--------|--|--------|--|--------|--|

| | | ミレニアル世代 | | | |
|--|--|--------------|--|--|--|

**日本での分類（およその年）**

| 新人類 | バブル | 氷河期 | ゆとり | Z | | Gen. α | |
|--------|--------|--------|--------|---|--|--------|--|
| '60 - '65 | '65 - '70 | '70 - '84 | '87 - '95 | '96 - '10 | | | |

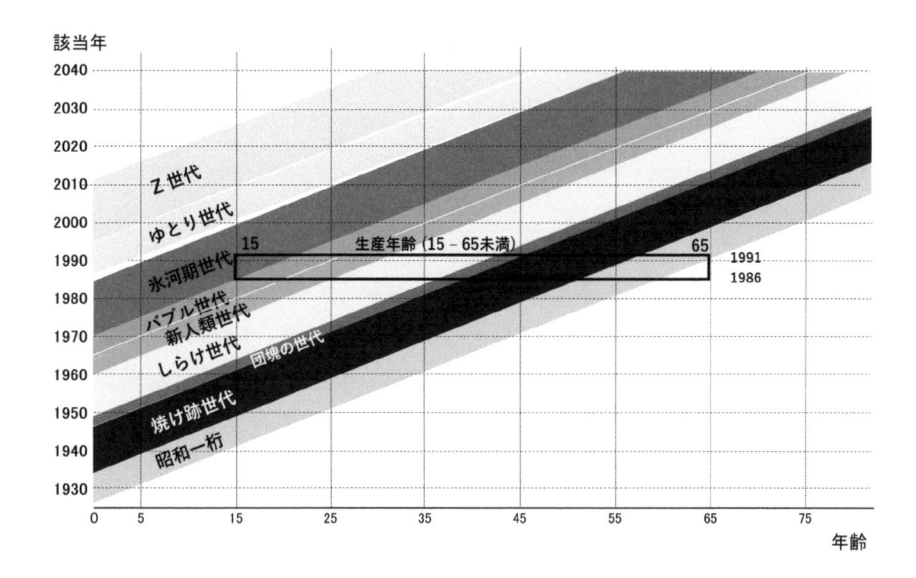

# 製品ライフサイクル
Product life cycle

製品が市場に導入されてから成長し,
成熟,最終的に衰退するまでの過程を描いた製品の寿命を表す概念

　市場に商品を導入した後,その販売量によらず商品の売り上げはある一定のパターンを描き,衰退していきます。この製品の寿命(lifespan)を表す概念を**製品ライフサイクル**(product life cycle)と呼び,一般には次の4つの段階で構成されています。

① **導入期**(introduction phase):製品が市場に登場し,認知され始める
② **成長期**(growth phase):認知度が高まり,売上と利益が増加する
③ **成熟期**(maturity phase):市場での成長が鈍化し,競争が激化する
④ **衰退期**(decline phase):新技術やトレンドの変化で需要が減少する

## Point

成長期に利益が大いに高まると考えられがちですが,競合が多く現れ,投資コストも継続的に必要になるため,確かに利益は高まりますが期待するほどの伸びには達しません。成熟期になると競合は増えますが,投資コストが下がり利益は最大となります。
各段階における利益の動きは理想化されたモデルで,実際のビジネスではさまざまな**外部要因**(external factors)が影響を与えるため,1つのシナリオと捉えるのが適切です。

# 製品ライフサイクル
## Product life cycle

| | I 導入期<br>Introduction | II 成長期<br>Growth | III 成熟期<br>Maturity | IV 衰退期<br>Decline |
|---|---|---|---|---|
| **売上**<br>Revenue | | 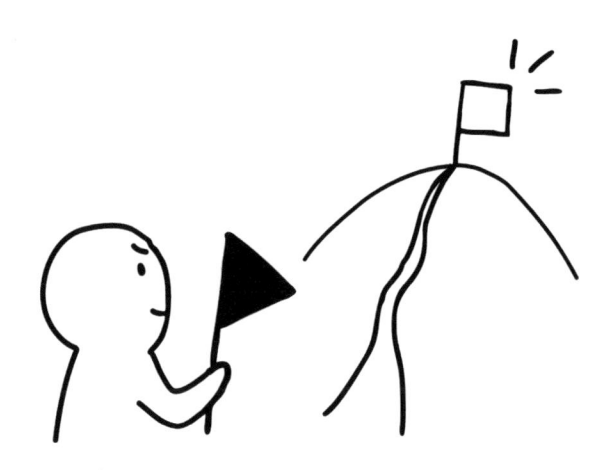 | | |
| 販売<br>Sales | Low | High | High | Low |
| 投資<br>Investment cost | Very High | High | Low | Low |
| 競合<br>Competition | Low or N/A | High | Very High | Very High |
| 利益<br>Profit | Low or Negative | Middle | High | Low |

# BT 25 イノベーター理論

Innovator theory

新製品や新技術が市場において広まるプロセスをそれらを購入するまでの時間で分類した異なるグループの特徴と役割を明示した理論

　エヴェレット・ロジャースによって1962年に『イノベーションの普及（Diffusion of Innovations）』で提示されたイノベーター理論によると，新製品や新技術を採用する人々は次の5つのカテゴリーに分類されます。

① **イノベーター**（innovators）：新製品にリスクを恐れず，最初に採用する
② **アーリーアダプター**（early adopters）：新製品を早期に採用し，オピニオンリーダーとしての役割を果たす
③ **アーリーマジョリティ**（early majority）：新製品は多くのデータや他の意見に基づいて，時間をかけ採用する
④ **レイトマジョリティ**（late majority）：新製品に対して懐疑的で，採用するには社会的評価の確定を必要とする
⑤ **ラガード**（laggards）：新製品に非常に懐疑的で，伝統的な方法を好み，最後まで採用をためらう

　アーリーアダプターとアーリーマジョリティの間に**キャズム**（Chasm）と呼ばれる大きな障壁があると言われています。多くの商品や技術はこの段階で普及が止まりがちです。アーリーアダプターはリスクをとって新しいものに積極的ですが，アーリーマジョリティは慎重で具体的な価値を求めるため，キャズムを越えないと主流市場に浸透しにくくなります。

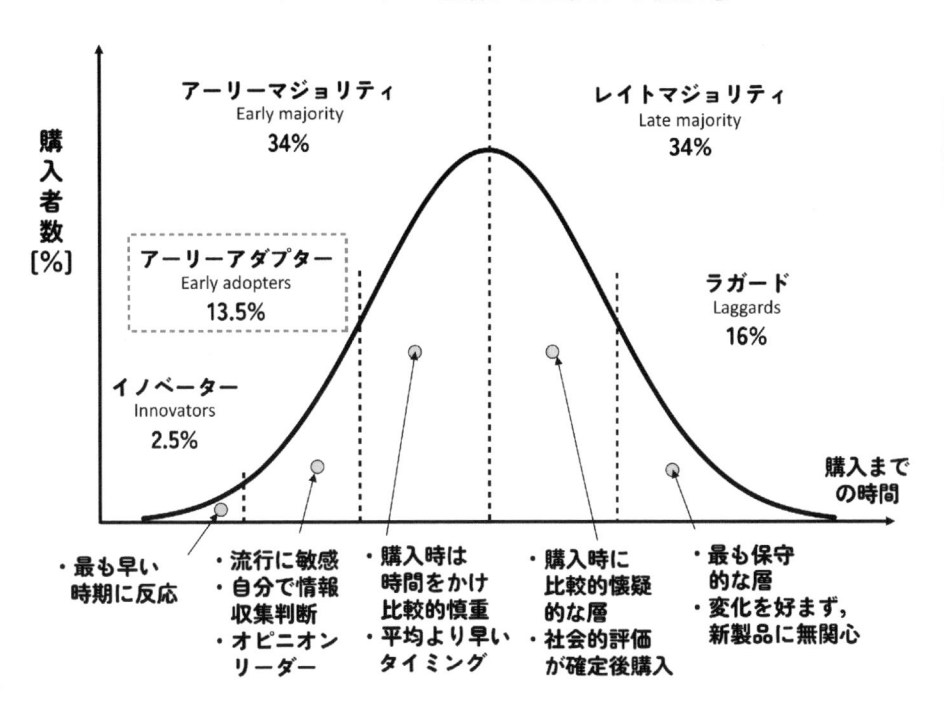

**イノベーター理論から選択する被験者**

購入者数 [%]

アーリーマジョリティ
Early majority
34%

レイトマジョリティ
Late majority
34%

アーリーアダプター
Early adopters
13.5%

ラガード
Laggards
16%

イノベーター
Innovators
2.5%

購入までの時間

・最も早い
　時期に反応

・流行に敏感
・自分で情報
　収集判断
・オピニオン
　リーダー

・購入時は
　時間をかけ
　比較的慎重
・平均より早い
　タイミング

・購入時に
　比較的懐疑
　的な層
・社会的評価
　が確定後購入

・最も保守
　的な層
・変化を好まず，
　新製品に無関心

**Point**

新製品や新技術の開発段階では，どんな新商品でもリスクを恐れず採用するイノベーターではなく，自分の経験から良し悪しを判断するアーリーアダプターに対してマーケットテストを行うことが有効であると言われています。アーリーアダプターは市場のオピニオンリーダーとして機能し，そのフィードバックは製品に対する貴重な情報源となります。

# BT 26 プロダクト・ポートフォリオ・マネジメント
## Product Portfolio Management（PPM）

商品市場の成長性と市場占有率を基軸に製品群を分析し，
戦略的に投資を配分するフレームワーク

　PPM：プロダクト・ポートフォリオ・マネジメントはボストン・コンサルティング・グループ（BCG）が提唱した企業の製品群を**市場成長率**（market growth rate）と**相対的市場占有率**（relative market share）の2つの次元で評価する戦略策定ツールです。

　製品群を**問題児**（problem child），**花形**（stars），**金のなる木**（cash cow），**負け犬**（dogs）という4つのカテゴリーに分類し，それぞれのカテゴリーに応じたリソース配分をし，長期的な競争優位性を築くための意思決定を行うことができます。

## Point

製品の販売が BT24 の製品ライフサイクル（右図 PLC で明記）に従い推移していくと考えると右図の破線の**軌道**（trajectory）をたどります。「金のなる木」の段階で生み出されるキャッシュを実線のように「問題児」や「花形」の段階にある商品群の販売促進へ**充当**（allocate）していくことで，商品のポートフォリオを効率よく**維持**（maintain），**拡大**（expand）していくことができます。

# プロダクト・ポートフォリオ・マネジメント

## PPM

⟶ **望ましい資金の流れ**
Desired flow of funds

┈┈▶ **望ましい事業位置の変化**
Desired business positioning in the enterprise

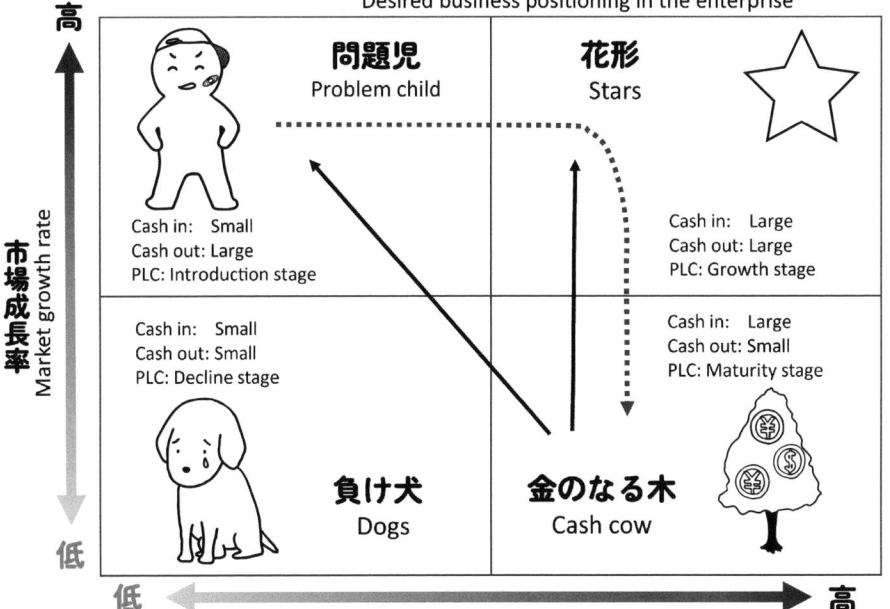

市場成長率
Market growth rate

高 / 低

問題児
Problem child

Cash in:　Small
Cash out: Large
PLC: Introduction stage

花形
Stars

Cash in:　Large
Cash out: Large
PLC: Growth stage

Cash in:　Small
Cash out: Small
PLC: Decline stage

負け犬
Dogs

Cash in:　Large
Cash out: Small
PLC: Maturity stage

金のなる木
Cash cow

相対的市場占有率
Relative market share

低 / 高

# AIDMA の法則
AIDMA Model

BT 27

消費者が商品やサービスを購入するまでの心理的プロセスモデル

C

マーケティング

A：**注意**（Attention）商品やサービスが広告やプロモーションを通じて消費者の目に留まる段階

I：**興味**（Interest）商品の特徴や利点が強調され，消費者の関心を引き続き維持する段階

D：**欲望**（Desire）興味を持った消費者がその商品やサービスを実際に欲しいと思う段階

M：**記憶**（Memory）ブランド名や商品の特徴などが消費者の記憶に残り，購入の際に思い出されるようになる段階

A：**行動**（Action）最終的に消費者が実際に商品やサービスの購入行動を起こす段階

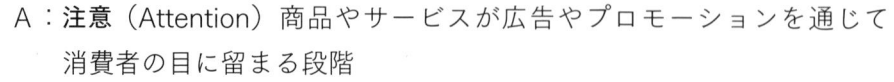

**Point**

広告やマーケティング戦略を策定する際に，消費者の購買行動を予測するためのベースとなるモデルです。インターネットの普及に伴い，情報**検索**（Search）と購入後の情報**共有**（Share）を考慮したAISAS（Attention, Interest, Search, Action, Share）といった他のモデルも提唱されています。状況に応じてこれらのモデルを使い分けることが必要です。

# AIDMA
## 消費者の心理的プロセスモデル

 **Attention**

**Interest**

Desire

 **Memory**

**Action**

# プロスペクト理論

Prospect theory

人々は損失を回避する傾向が強く，得られる利益よりも
損失をより重く感じることが多いとする理論

2002年にノーベル経済学賞を受賞した**ダニエル・カーネマン**（Daniel Kahneman）と**アモス・トヴェルスキー**（Amos Tversky）によって1979年に提唱された行動経済学的・心理学的な理論です。

「**損失回避**（loss aversion）」の概念と言われ，人々は損失を回避する傾向が強く，得られる利得よりも損失をより重く感じることが多いとしています。

また，この理論によれば人々は利得や損失を**非線形**（nonlinear）に評価します。利得が増えるにつれて，追加される**利得**（gain）に対する**感覚的価値**（sensory value）である満足度は減少します。同様に**損失**（loss）に対しても小さな損失に対しては非常に敏感ですが，損失が大きくなるにつれてその感覚的価値である失望度合いは低下します。

マーケティングにおいては，消費者の心理的な「損失回避」の概念を利用して，限定期間の値引き販売などの特別な提供を行うことで，限定期間後の購入において**潜在的な損失**（potential loss）を感じさせ，購買を促進する手法などが考えられます。

### Supplement

投資家が株式取引において，いわゆる「塩漬け」状態になるのは，売却によって損失が確定することを避けたいという心理から説明できます。投資家は，損失を確定させることを嫌い，株価が回復することを期待して株を保有し続ける傾向があります。

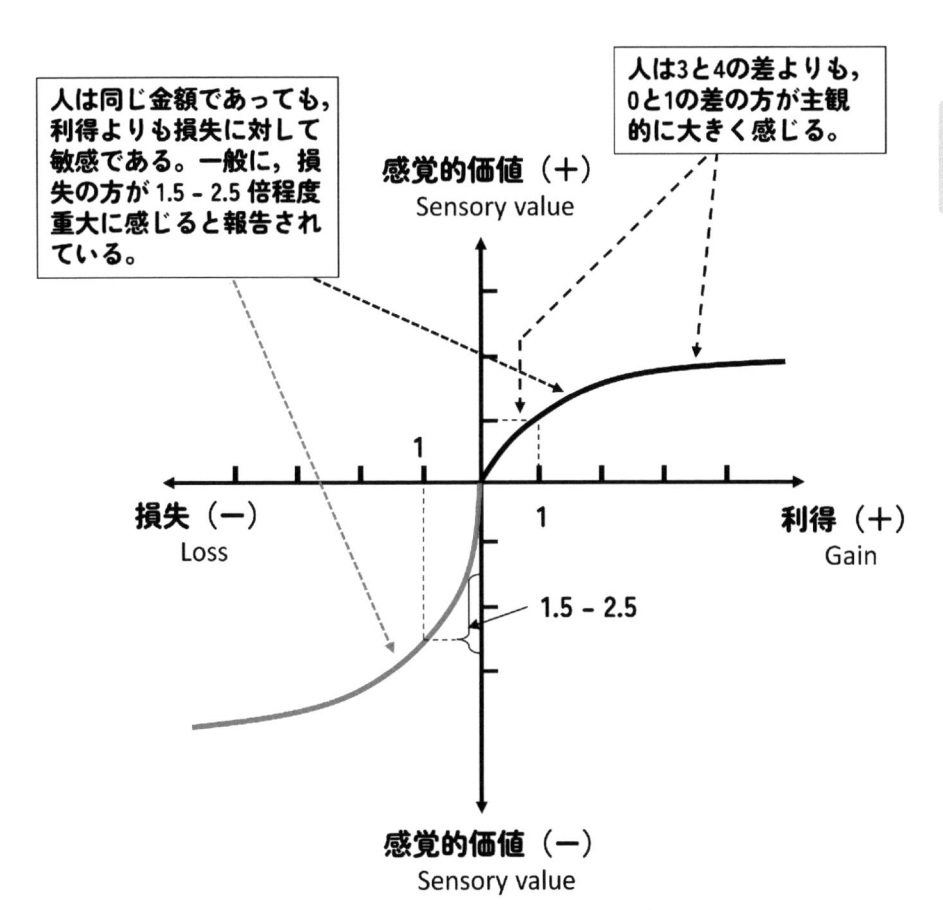

人は同じ金額であっても，利得よりも損失に対して敏感である。一般に，損失の方が 1.5 - 2.5 倍程度重大に感じると報告されている。

人は3と4の差よりも，0と1の差の方が主観的に大きく感じる。

感覚的価値（＋）
Sensory value

損失（ー）
Loss

1

利得（＋）
Gain

1

1.5 - 2.5

感覚的価値（ー）
Sensory value

出典：ダニエル・カーネマン『ファスト&スロー』（早川書房，2020年）をベースに筆者作成。

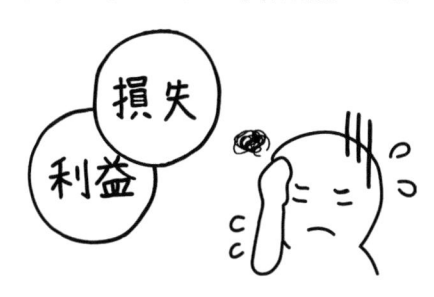

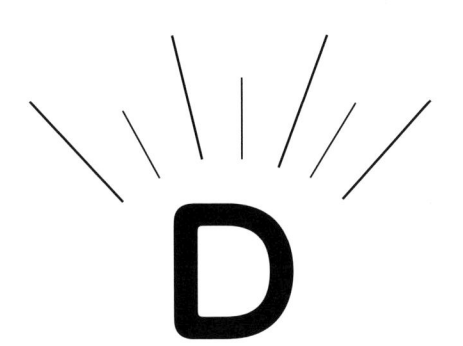

# D

# 商品企画

# マーケティングと商品企画

Marketing and product planning

マーケティングと商品企画は密接に関連しており，
市場データの入手と企業内での共有が重要な役割を果たす

商品の販売に行き着くまで，企業において一般にはまず市場トレンドに立脚した ①企業戦略（corporate strategy）や事業戦略（business strategy）に基づき，マーケティング部門が ②市場（market）から ③市場データ（market data）を入手していきます。

そのデータをベースに商品企画（product planning）部門が新商品の ④コンセプト形成（concept creation）を始めます。この段階では多くのアイデアが出てきますが，市場戦略（market strategy）や商品戦略（product strategy）などの企業戦略および企業の投資やマンパワーなどの ⑤資源制約（resource constraint）に従って，それらのアイデアを絞り込んでいきます。

その結果，絞り込まれた商品コンセプト（product concept）を基に研究開発（R&D: research & development），生産（manufacturing）の段階へ進み，販売活動へとつなげていきます。

この一連のプロセスの中で，商品企画はマーケティング部門が入手してきた情報を基に顧客の要望に応える何を売るか（what to sell）を決定していく活動です。

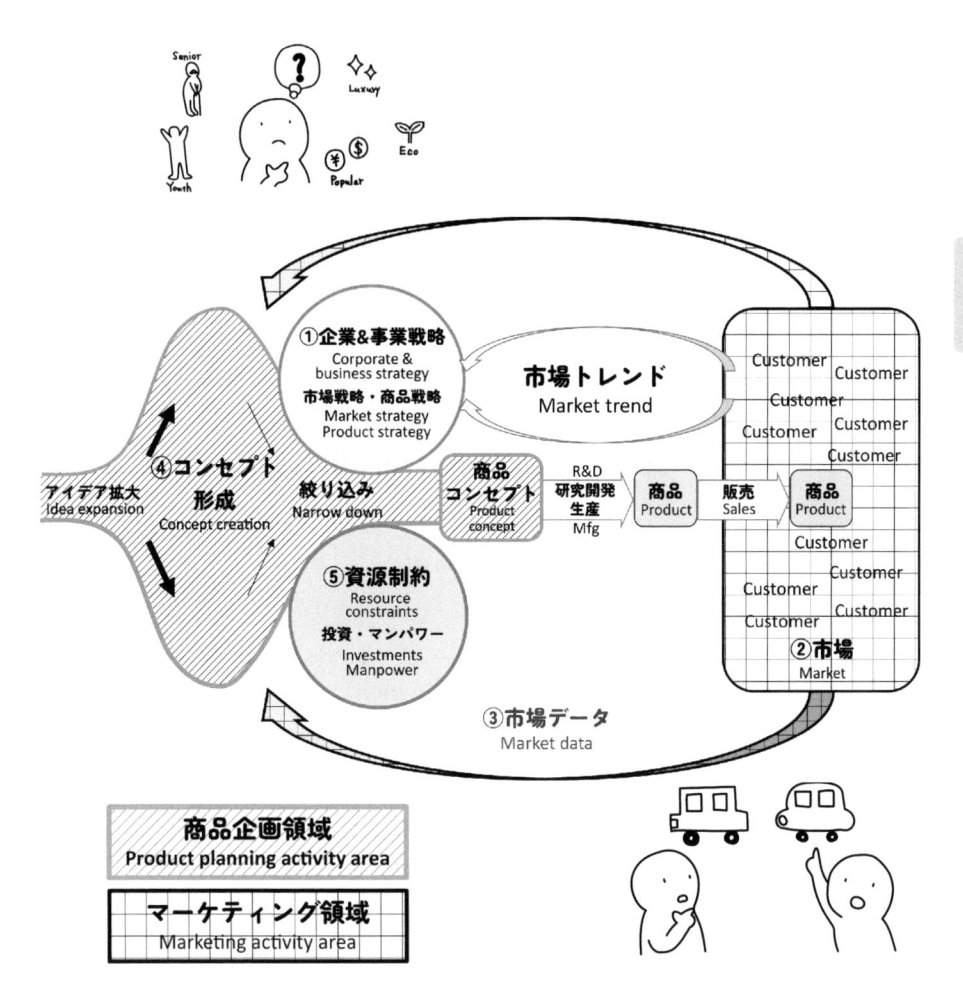

**Point**

市場における顧客の真の要望に応える商品を企画し，それが開発，生産，そして販売につながる場合，マーケティングのプル戦略が形成されます。市場状況にもよりますが，大規模な販売活動を行わずとも売上増加が期待できる可能性が高くなります。

# BT 30 商品企画に必要な要素

Elements necessary for product planning

**商品企画活動において，社内組織が提供する
データやリソースといった重要な要素**

商品という言葉を展開していくと，一例として次のように定義すること
ができます。

一定の**投資**（investment）と**マンパワー**（manpower）の制約の中で**コ
スト**（cost）目標を達成し，目標の**売値**（price）で**目標数**（volume）販売
される顧客のニーズを捉えた一定の**価値**（value）を提供できる品。

この言葉を分解すると企業内の各種の部門が関与していることがわかり
ます。

| | |
|---|---|
| 一定の投資と | ⇐**財務**（Finance） |
| マンパワーの制約の中で | ⇐**人事**（Human resource） |
| コスト目標を達成し | ⇐**コスト管理・購買** |
| | （Cost control・Purchasing） |
| 目標の売値で | ⇐**マーケティング**（Marketing） |
| 目標数販売される | ⇐**販売**（Sales） |
| 顧客のニーズを捉えた | ⇐**マーケティング** |
| 一定の価値を提供できる品 | ⇐**研究開発・生産** |
| | （R&D・Manufacturing） |

## Point

商品の定義を考えていくと，商品企画の活動は一部門の活動にお
さまらず，企業内の多くの部門が関与していく必要があることが
わかります。

**商品**
商いのできる製品

**商いのできる**製品
**一定の投資とマンパワーの制約の中で一定の利益の出る**製品

BT
**30**

一定の投資とマンパワーの制約の中で**一定の利益の出る**製品
一定の投資とマンパワーの制約の中で,
**コスト目標を達成し，目標の売値で，目標数販売される**製品

一定の投資とマンパワーの制約の中で,
コスト目標を達成し，目標の売値で，目標数販売される**製品**
一定の投資とマンパワーの制約の中で,
コスト目標を達成し，目標の売値で，目標数販売される
**顧客のニーズを捉えた，一定の価値を提供できる品**

# BT 31 カスタマーペイン

Customer pain point

**顧客が抱える課題や不満, 解決されていないニーズ**

商品企画の原点は**カスタマーペイン**（customer pain point）と言われる顧客の抱える問題にあり, 不便さ, 不満などにあります。このカスタマーペインを正確に把握して, それを解決するアイデアを創出し, 形にすることで顧客にとっての価値を創造することになります。

しかし, 顧客にどのようなものが欲しいかと聞いても正確には答えてくれません。ただし, 困っていることがあれば教えてくれます。これが, 顧客が気付いているカスタマーペインです。顧客インタビューやアンケートなどを通じて特定します。

一方, 思いもよらないニーズが存在することがあります。これは顧客が気付いていない潜在的カスタマーペインと捉えることができます。これらは顧客の**行動観察**（behavioral observation）や**参与観察**（participant observation）などを通じて特定することになります。

## Point ☝

顧客に「何が欲しいのか」と尋ねても正確には答えてくれません。このことを**ヘンリー・フォード**（Henry Ford）は次の言葉で説明しています：「何が欲しいかと尋ねたら, 人々は『もっと速い馬』が欲しいと答えただろう」

それでも, 商品企画の際には顧客を中心に検討を進めます。なぜなら最終的に使うのは顧客だからです。顧客の顕在化されたカスタマーペインを, さらには潜在的なカスタマーペインを見つけ出し, それらを価値ある形に変えていく活動が商品企画です。

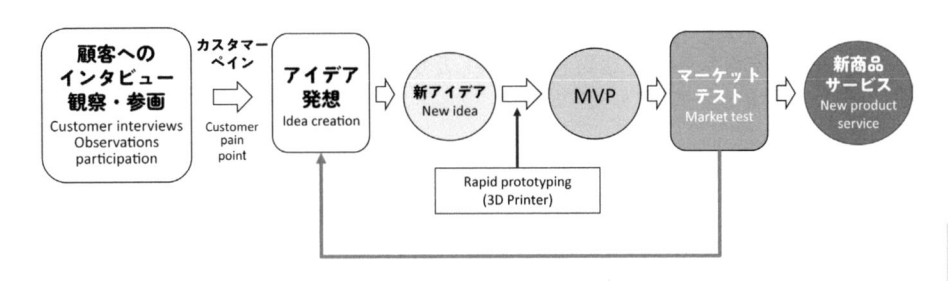

顧客はいつも正しい
（最終的に使うのは顧客）
The customer is always right
(Customer use it in the end)

客の行動観察
Observe
customer behavior

顧客は欲しいものを聞いても答えてくれない
（顧客自身も知らない）
Customers do not answer even if they are asked what they want
（They cannot imagine it）

ただし，困っていることがあれば教えてくれる
However, they can tell you problems if they have them

pain

顧客はペインに気付いている
Customer is aware of the pain

思いもよらないニーズ
Unexpected needs
(gain => pain)

顧客はペインに気付いていない
Customer is not aware of the pain

# デザイン思考プロセス―5段階プロセス

Design thinking process: 5 step process

ユーザー視点から複雑な問題を解決したり，
新たな価値を創造していくプロセス

　デザイン思考は創造的な問題解決において顧客視点で解答を見つけていくプロセスであり，以下の5つのステップから構成されています。ただし，必ずしも直線的に進むわけではなく上位のステップに遡り，反復的に進んでいきます。

① **共感**（empathize）
　顧客の行動を理解し，共感し，問題点を見つける。
② **問題の定義**（define）
　顧客の本質的なペイン・潜在ニーズを特定する。
③ **アイデアの概念化**（ideate）
　問題点を解決する新たなアイデアを考案し絞り込んでいく。
④ **プロトタイプの作成**（prototype）
　試作品を作成する。
⑤ **テスト**（test）
　検証を実施する。

## Point

デザイン思考は、IDEO の創業者 David Kelley と Tim Brown らによって広められた問題解決のためのアプローチです。
デザイン思考の考え方は工業製品の企画・製造販売はもとより，ビジネス，教育，流通，社会問題の解決など，幅広い分野で既定の正解のない新しいものを創造していく過程で大きな威力を発揮していくと期待されています。

# デザイン思考の5段階

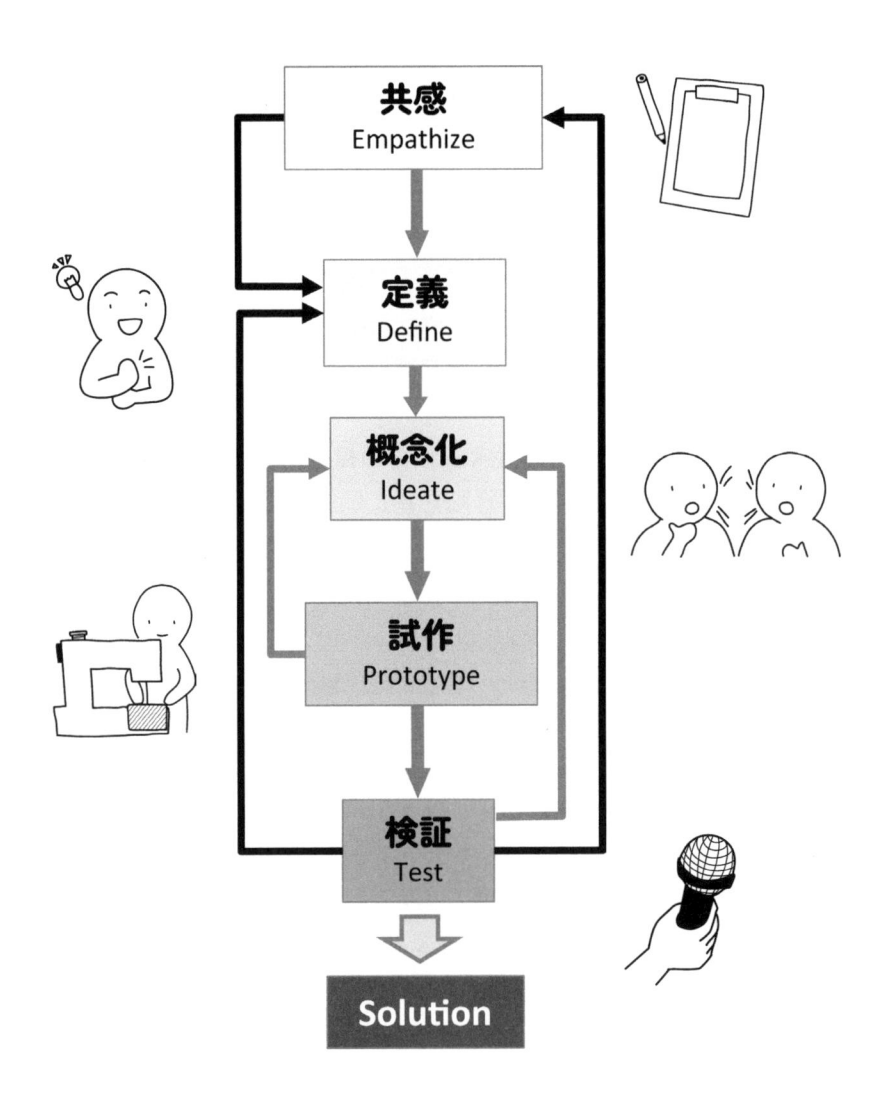

出典：Tim Brown（2009）*Change by Design*, Harper Businessを基に著者作成

# デザイン思考プロセス—共感
Design thinking process: Empathize

フィールドワークを通じて日常生活を直接観察し，対象者の問題を掘り下げ，カスタマーペインの明確化へつなげていくステージ

　デザイン思考プロセスの初期段階の活動で，商品企画の担当者などが**フィールドワーク**（field work）の一環として，対象顧客にインタビューをしたり，彼らの経験を直接体験するなどして，対象顧客の活動を直接的に観察・記録していきます。

　顧客の発言や行動などを通じて言葉では表現しきれていない彼らの思考や感情を深く洞察し，**共感マップ**（empathy map）を描いていきます。このことで，彼らが直面している問題や課題，いわゆるカスタマーペインの明確化につなげていきます。

　この過程において，企画担当者は顧客の**視点**（customer perspective）を取り入れることができ，その経験を基に問題を定義していきます。このプロセスを通じて，より**人間中心の**（human-centered），価値のあるソリューションにつなげていくことができます。

### Point

フィールドワークの中で，商品企画担当者などがユーザーの日常生活や作業環境に直接関わり，彼らの活動を体験する活動を**参与観察**（participant observation）と言います。行動，習慣，相互作用を直接観察することができ，より深い洞察を得ることができます。問題の発見と理解を深める**初期段階**（initial stage）で特に効果があります。

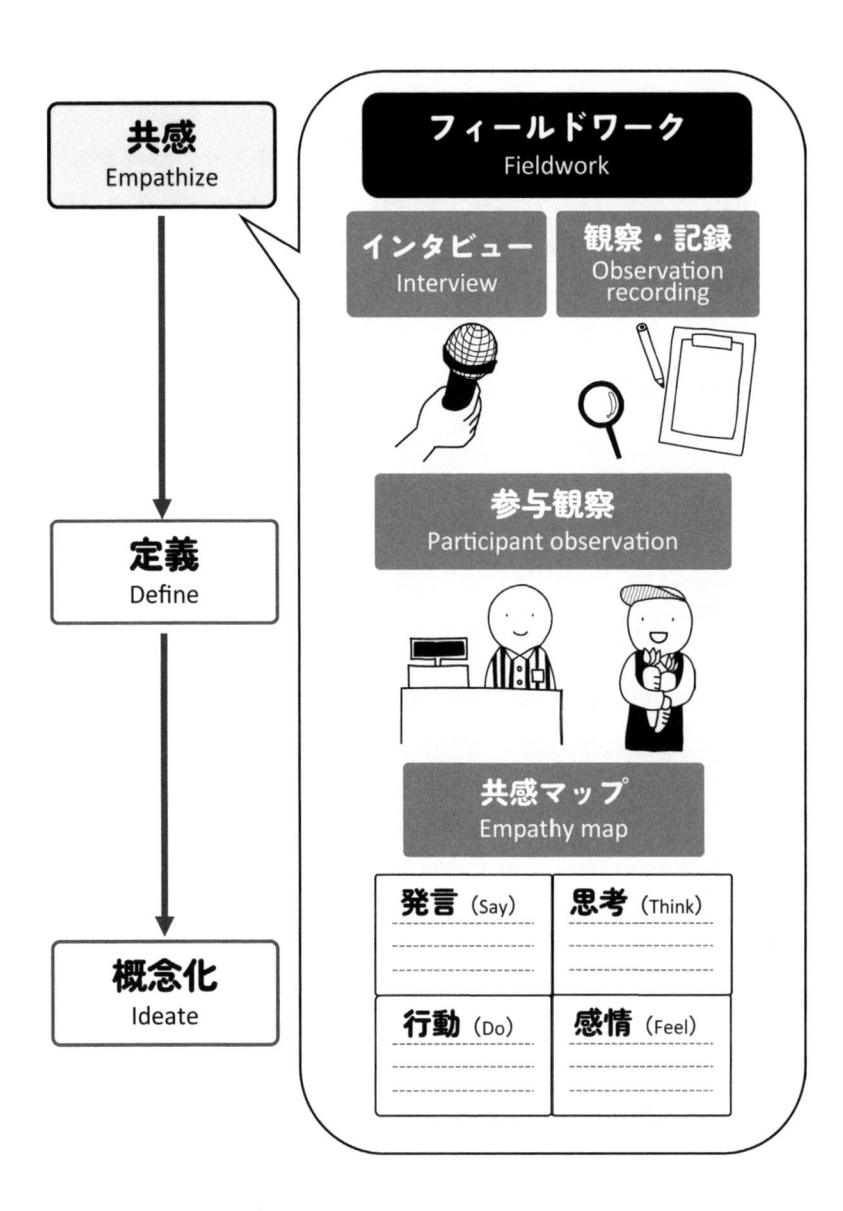

# BT 34 デザイン思考プロセス─定義

Design thinking process: Define

「共感」のプロセスで得られた情報を分析し，対象顧客のパターンや
トレンドを見出し，問題を定義していくステージ

　定義（define）の段階ではフィールドワークで得られた共感マップなどの検討を通じて，対象顧客のニーズを掘り下げていきます。この過程では，典型的な対象顧客を**ペルソナ**（persona）として設定する手法が多く用いられています。その対象人物の一日，一月さらには一年超に想定される活動を**カスタマージャーニーマップ**（customer journey map）としてまとめ，それらを**ユーザーストーリー**（user story）化して，活動メンバー間で共有化していきます。この過程で，**潜在的・根源的ニーズ**（latent/root needs）を明確化し，定義していきます。

### Point ✌

ペルソナは，ある特定のユーザーグループを代表するものであり，その設定においては一般化を避け，具体的な個人像を描くことが重要です。そのため，フィールドワークや市場調査に基づいた，正確で信頼性の高い情報源からの設定が必要となります。周りにターゲット顧客に近い人が存在していれば，その人をペルソナにし，より深堀りしたインタビューをすることが可能になります。また，有名人や映画やドラマの主人公を設定するのも１つの方法です。

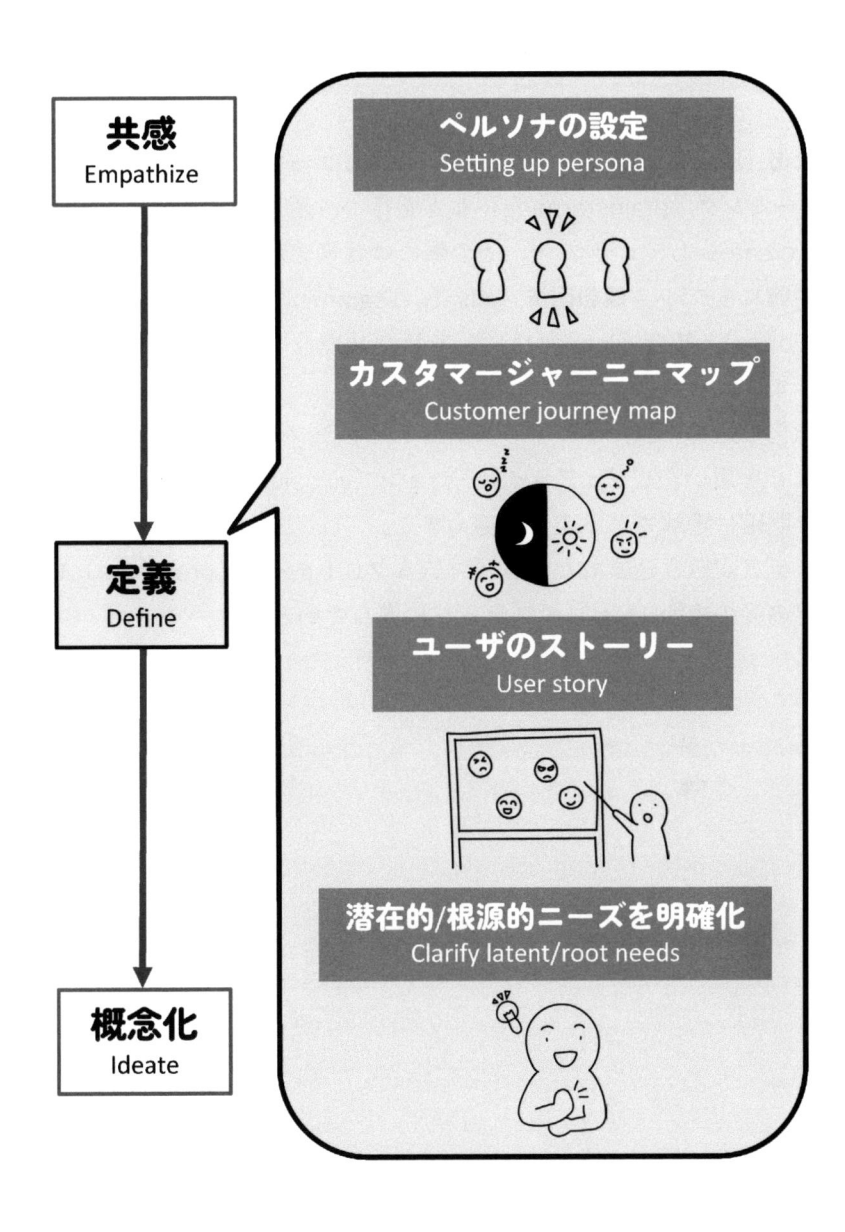

共感
Empathize

BT
**34**

ペルソナの設定
Setting up persona

カスタマージャーニーマップ
Customer journey map

定義
Define

ユーザのストーリー
User story

潜在的/根源的ニーズを明確化
Clarify latent/root needs

概念化
Ideate

# デザイン思考プロセス─概念化

Design thinking process: Ideate

「定義」までに明確化された潜在的・根源的ニーズを
アイデア創出/分類/収束することで具体化していくステージ

　概念化（ideate）の段階では明確化されたニーズなどをベースに**ブレーンストーミング**（brainstorming）などを行い，新しいアイデアをどんどん**創出**（create）していきます。その際には各種アイデアの類似点や相互作用を明確にしていき**親和図法**（affinity diagram）などを用いそれらを**分類**（categorize）・**統合**（integrate）して新たな概念に**収束**（converge）させていきます。

　概念化の過程では，手書きのスケッチやデジタルツールを使用したデザインなどを用いた**ビジュアライゼーション**（visualization）を通じて，概念がより明確に理解されるように努めます。

　アイデアが絞り込まれた後は具体的な**プロトタイプ**（prototype）を作成し，その後の**検証**（test）のステージに進んでいきます。

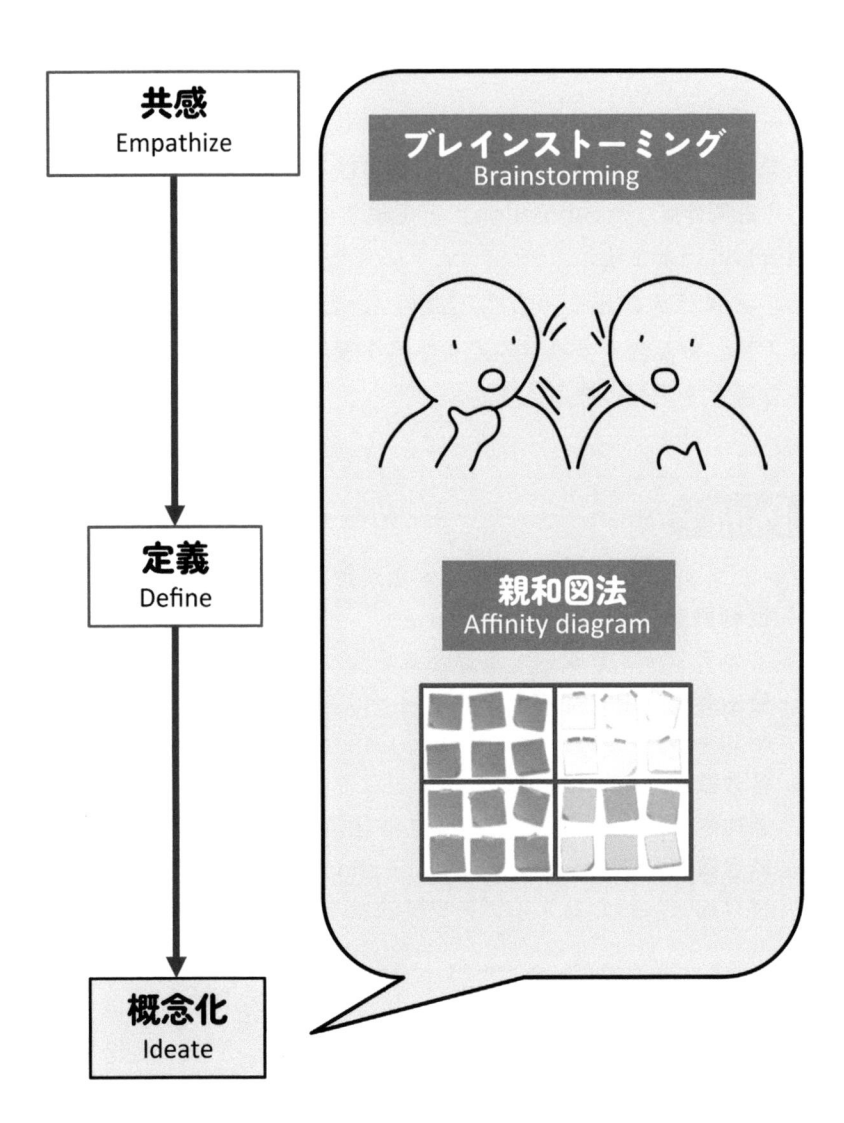

# BT 36 ブレインストーミング

Brainstorming

**参加者が自由にアイデアを出し合い，**
**グループで多くの異なるアイデアを生み出していく創造的な手法**

グループディスカッションを通じて，新しい視点や解決策を見つけていく手法です。参加グループメンバーの**創造性**（creativity）を刺激し，グループ内の**共同作業**（collaboration）を促進することで多くの異なるアイデアを創造していきます。

多くのアイデアが出そろうまで**批判**（criticism）や**評価**（evaluation）は避けます。その後，それらのアイデアを整理し，評価して有望なものを選択するステップへと進みます。

**Point**

ブレインストーミングでは次の４点が重要とされます。

① **批判厳禁**（no criticism allowed）：批判や評価を避け，すべてのアイデアを歓迎する雰囲気を作っていく。

② **自由奔放**（unrestrained）：アイデアの質よりも量を重視し，制約や規則に縛られることなく自由な発想を尊重する。

③ **多数歓迎**（open to all）：異なる背景や専門知識を持つ多様な参加者を招き，異なる視点による議論を促進する。

④ **結合改善**（improvement by coupling）：他者の意見に意見を付け加え，新たなアイデアや解決策を生み出していく。

### 批判厳禁
No criticism allowed

### 自由奔放
Unrestrained

### 多数歓迎
Open to all

### 結合改善
Improvement by coupling

# ジョハリの窓⑴ 心理モデル
Johari window(1) psychological model

> 個人の自己認識, 他者からの認識,
> そしてその両者間の相互作用を探るための枠組みを提供する心理モデル

　自己認識と人間関係を改善するためにジョセフ・ルフト（Joseph Luft）とハリントン・インガム（Harrington Ingham）によって提示された**心理モデル**（psychological model）。自分と他人によってどのように認識されているかを次の4つの領域に**分類**（categorize）しています。BT38で市場ニーズを探索する際のベースとなります。

## ①　解放の窓（open window）
　自分自身と他人の両方が認識している領域。

## ②　盲点の窓（blind window）
　他人は認識しているが自分では気づいていない領域。他人からのフィードバックにより, 解放の窓へ移行可能。

## ③　秘密の窓（hidden window）
　自分は認識しているが他人には明らかにしていない領域。この情報開示で人間関係の向上につながることもある。

## ④　未知の窓（unknown window）
　自分自身にも他人にも認識されていない領域。この領域には未発見の才能, 能力, 態度などが含まれる。自己と他人の関わり合いにより, これらの領域が明らかになることもある。

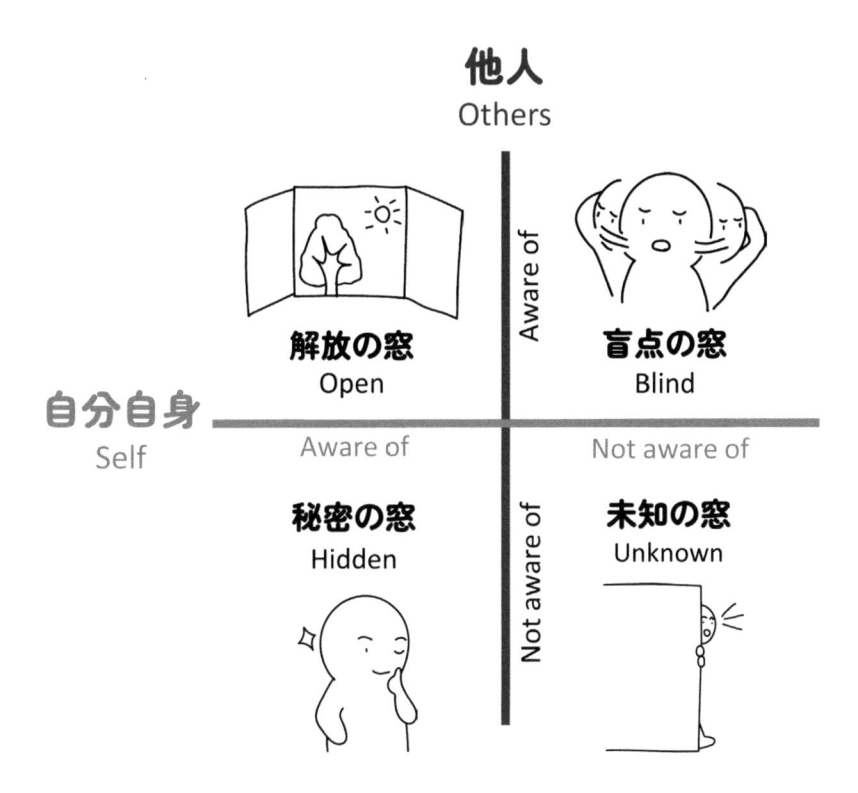

BT
37

**Point**

ジョハリの窓は，個人と他者との関係について分類したものですが，組織の発展など，さまざまな関係へ応用することが可能です。次のBT38を参照ください。

# ジョハリの窓(2) 市場ニーズの探索

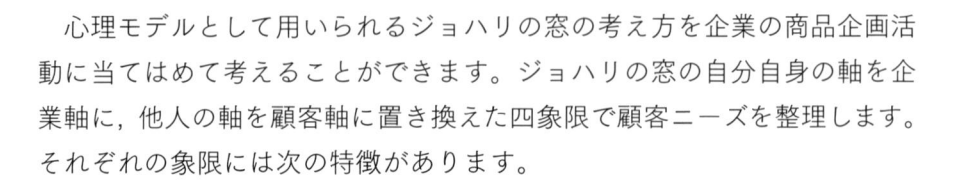

Johari window (2) market needs exploration

市場ニーズを明確化するために,ジョハリの窓を商品企画活動に当てはめて,顧客の明示的なニーズと潜在的なニーズを分類・整理する手法

心理モデルとして用いられるジョハリの窓の考え方を企業の商品企画活動に当てはめて考えることができます。ジョハリの窓の自分自身の軸を企業軸に,他人の軸を顧客軸に置き換えた四象限で顧客ニーズを整理します。それぞれの象限には次の特徴があります。

① **解放の窓**(open window)

企業と顧客の双方が市場ニーズを認識しており,市場で一般に普及している商品群の特徴はこの象限に分類される。

② **盲点の窓**(blind window)

顧客は認識しているが企業側では認識していない領域。顧客の認識しているニーズは評価グリッド法〈BT39〉などを用いることで明確化可能。

③ **秘密の窓**(hidden window)

企業は認識しているが顧客側は認識していない領域。企業はインターネットや各種文献を通じて情報収集する。

④ **未知の窓**(unknown window)

企業も顧客も認識していない市場ニーズであり,企業としてはこの領域を開拓して新たな価値を顧客へ提案していくことが競争力向上につながる。この領域は**フォーカスグループインタビュー**(focus group interview)〈BT40〉などの手法を用いて顧客をあらゆる視点から刺激することで潜在ニーズが顕在化することがある。

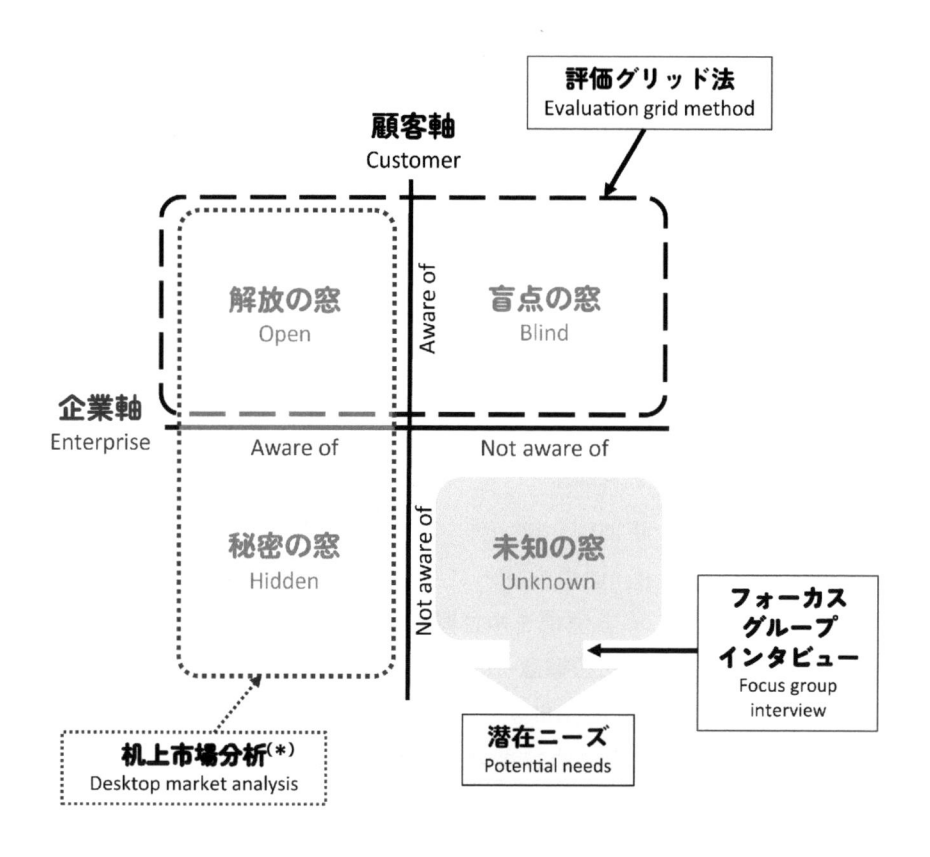

（＊）フィールド調査を行わず，既存データや公開情報を活用して市場を分析する方法

### Point

ジョハリの窓は，このテーマのようにマーケティング視点での顧客ニーズの明確化に応用できます。その他，ビジネス領域においては，マネジメントと従業員間の視点である人材管理，カスタマーサービス視点からの顧客関係管理など，個人と他者との関係が成り立つ構造において応用が可能です。

# 評価グリッド法
## Evaluation grid method

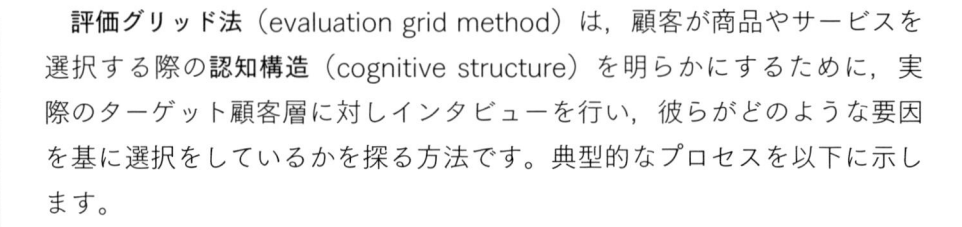

ターゲット顧客が商品やサービスを選択する際の
基準や価値を明らかにするための調査手法

　評価グリッド法（evaluation grid method）は，顧客が商品やサービスを選択する際の**認知構造**（cognitive structure）を明らかにするために，実際のターゲット顧客層に対しインタビューを行い，彼らがどのような要因を基に選択をしているかを探る方法です。典型的なプロセスを以下に示します。

① 対象となる商品のいくつかの選択肢を2つずつペアーで提示し，どちらを好むかをその理由とともに回答してもらいます。

② 理由を聞き出す時には，「なぜ，なぜ」を繰り返しできるだけ**本質的な**（fundamental）理由を探っていきます。その際，商品の直接的な評価から出てくる理由を**中位概念**（mid-level concept）として，より価値観に近い**上位概念**（superordinate concept）と具体的内容である**下位概念**（subordinate concept）を聞き出します。ただし，自発的な回答となるように努め，誘導をしないよう留意します。

③ このプロセスを用意した選択肢のすべての組み合わせに対して行い，商品の**系統図**（hierarchy chart）を作っていきます。

④ この結果得られた内容がBT38のジョハリの窓で提示した顧客が認知している，第一象限と第二象限のデータとなります。

### Point

評価グリッド法と類似した2つの選択肢を比較していく手法に**一対比較法**（pair comparison method）があります。この方法は，各選択肢をすべての他の選択肢と1対1で比較し，多くの選択肢から最も好ましいものを選び出す際や，評価基準が複雑で単純なランキングでは判断が難しい時に使用されます。

# 評価グリッド法の手順

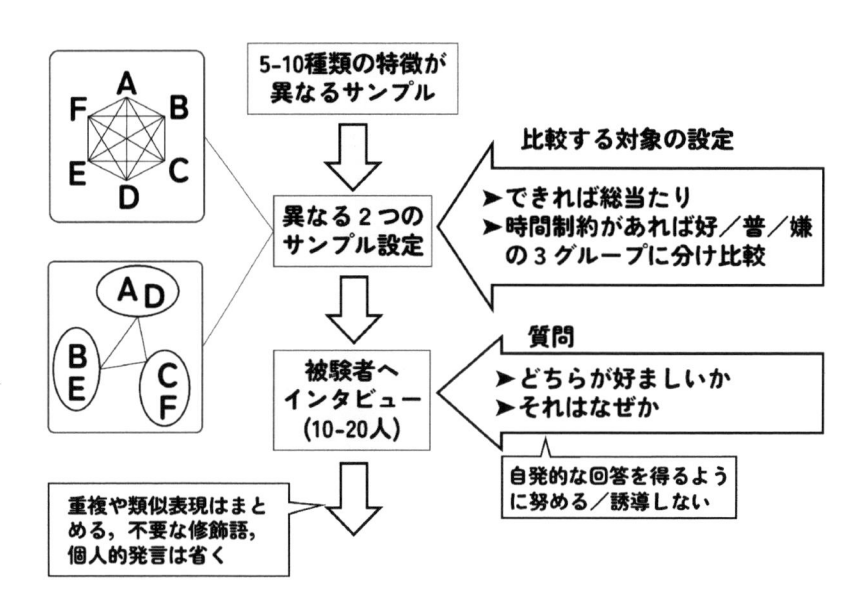

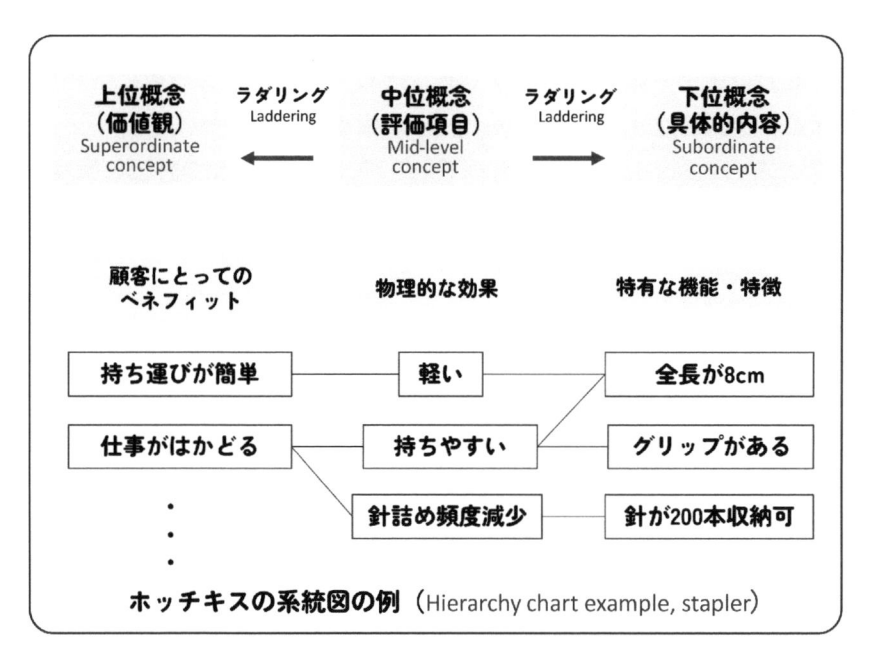

ホッチキスの系統図の例 (Hierarchy chart example, stapler)

# フォーカス・グループ・インタビュー

Focus group interview

選定された小グループがモデレーターの助けを借りながら，
商品やアイデアについて討論する定性的研究法

　本手法は特定の製品，サービス，コンセプト，または広告などについての意見や感想を探る定性的なデータ収集方法です。ターゲットカスタマーに分類される参加者が集められ，**モデレーター**（moderator）と呼ばれる討議を推進していく案内役によってグループ討議が行われます。議長ではなく，あくまでも**討論を活性化**（stimulate discussion）させていく**ファシリテーター**（facilitator）です。このイベントでは次のことに留意していきます。

① 少人数の顧客を対象にする（5－7名）
② 自社名でのインタビューは避ける（XYZリサーチといったサプライヤー名を前面に出す）
③ 1.5－2時間（最初10－20分はメンバー紹介・雑談等でアイスブレーク）
④ モデレーターの役割は重要であるため，できれば専門家に依頼する
⑤ 撮影・録音を実施し，事後の分析に備える
⑥ マジックミラーがある場合はそれを使用し，関係者で討議を観察する

> ### Point
>
> フォーカスグループインタビューは，新しい製品のアイデアや特定商品の**顧客満足度**（customer satisfaction）を評価するなど，さまざまな目的で利用されます。この手法は，参加者の**シナジー効果**（synergy effect）に加え**生の声**（unfiltered voices）や**反応**（reaction）を討論という形で直接聞くことができるため，BT38で触れた「未知の窓」に分類される潜在ニーズの探索に効果を発揮すると言われています。

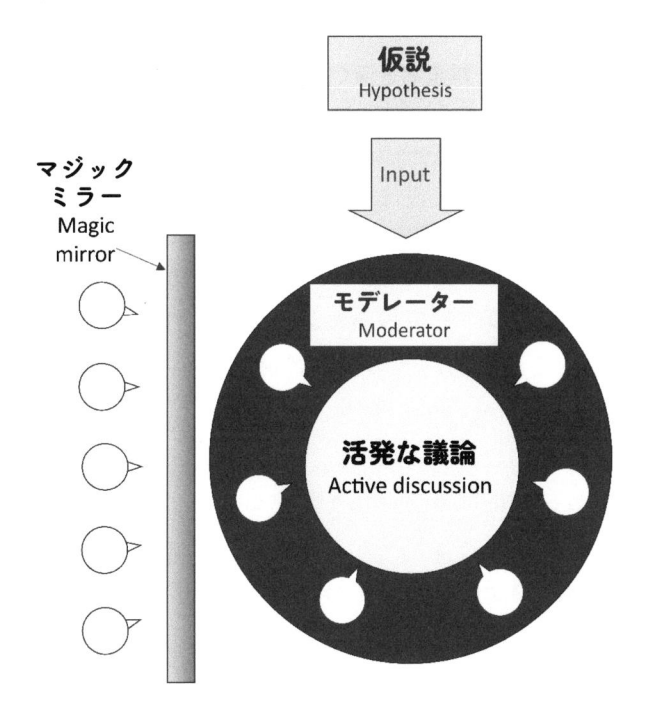

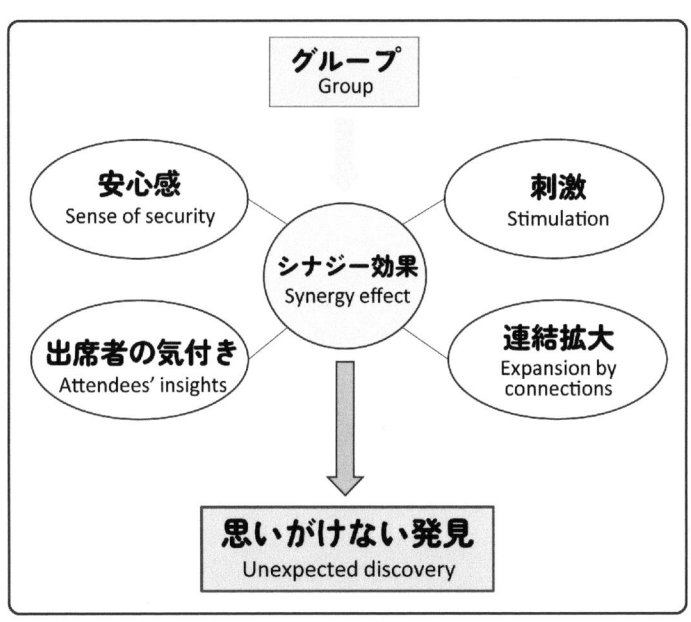

# デプスインタビュー

In-depth interview

インタビュアーが1対1で対象者と深く掘り下げる形で行われる
質的調査の一形態であるインタビュー手法

　デプスインタビュー（in-depth interview）はアンケートなどの**定量的調査**（quantitative research）では得られない詳細な意見や感情，潜在意識下の考えなどを深く掘り下げて探るために用いられるインタビューです。

　対象者との対話を通じて，その人の**深層心理**（subconscious），**価値観**（values），**生活様式**（lifestyle），製品，またサービスに対する具体的な経験や意見などを明確化していきます。

　デプスインタビューには半構造化インタビューが適していると言われています。これは，インタビュアーがあらかじめ準備したガイドラインに沿って進行しつつも，対話の流れに応じて質問を柔軟に調整でき，対象者の**深層**（depths）にある意見や感情を効果的に引き出すことができるためです。

### インタビューの形式

① **構造化インタビュー**（Structured interview）

　質問を事前に設計し，すべての対象者に対して同じ順序で同じ質問をする形式。異なる参加者の回答を比較でき，量的な分析が可能。客観性を保ちバイアスを最小限に抑えられる。

② **半構造化インタビュー**（Semi-structured interview）

　あらかじめ用意した一連の質問やトピックスに基づきインタビューを進める。対象者の回答に基づいて柔軟に追加の質問が可能な形式。より自然な会話の流れの中で深い洞察を得ることにつながる。

③ **非構造化インタビュー**（Unstructured interview）

　特定の質問リストは用意せず，自由な形式で行われる。インタビュアーは対話を通じて話題を導入し，対象者の自由な発言を促す。予測できない洞察や深い理解を得ることができる場合もあるが，データの比較や一般化はより困難になる可能性大。

### Point

デプスインタビューは，BT40のフォーカスグループインタビューと同じく，ユーザーの潜在ニーズを理解するのに役立ちます。
しかし，デプスインタビューは1対1の設定で行われ，条件によっては匿名性が保証されるため，健康や財務などの微妙な（delicate）テーマや複雑な話題についても深く掘り下げて話を聞くことが可能です。これが大きな利点です。
ただし，1対1のインタビューは，多くの人々の意見とは異なる偏った視点を反映するリスクがあります。
このため，複数のデプスインタビューを行い，幅広い意見を収集することが推奨されます。

# BT 42 焦点発想法
## Focus thinking method

異質な対象に焦点を当てることにより, アイデアを強制的に発想し, 独創的なアイデアを創出する革新型発想法

焦点発想法 (focus thinking method) は革新型発想法 (innovative thinking methods) の1つと考えられており, 以下のプロセスを取ります[*]。革新型発想法とは, 従来の枠組みや方法論にとらわれず, 新しいアイデアや製品, サービスを生み出すための思考法や手法の総称です。

① 企画の対象としている商品とは異なる対象を選び, 焦点 (focus) を当て, その構成要素 (elements) を列挙していく。

② 各構成要素の機能 (function) を中間アイデア (intermediate idea) として明確化する。

③ 対象としている商品にそれらの中間アイデア (機能) を適用した場合の新たな特徴を持った構成要素やアイデアを提案する。

(＊) 出典：神田範明編『ヒットを生む 商品企画七つ道具—よくわかる編』(日科技連, 2000年)

## Point

企画対象とまったく異なる対象に焦点を当てます。この際, 企画担当者が熟知している対象を設定することがポイントです。右の表はノートパソコンの特徴や機能に関してのアイデアをスクーターの構成要素の中間アイデア (機能) を適用することで発想した例です (筆者作成)。

```
┌─────────────────┐        ┌────────────────────────┐
│   革新型発想法    │────┬───│ 焦点発想法（BT42）       │
│ Innovative       │    │   │ Focus thinking method  │
│ thinking methods │    │   └────────────────────────┘
└─────────────────┘    │   ┌────────────────────────┐
                       └───│ アナロジー発想法（BT43）  │
                           │ Analogy thinking method │
                           └────────────────────────┘
```

## ノートパソコンの中間アイデアを
## スクーターに適用した例

| スクーター<br>Motor scooter | 中間アイデア<br>Intermediate idea | アイデア<br>Idea |
|---|---|---|
| ヘルメット入れ | 必要なものを<br>入れられる | マウスを<br>収納できる |
| ハンドルロック | 盗難除け | 固定物への<br>ロック機能 |
| スタンド | 倒れないように<br>固定 | 裏に滑り止めを<br>配置 |
| バックミラー | 周りの状態が<br>わかる | 360度モニター・<br>イン・モニター |
| 泥除け | 汚れから守る | キーボードカバー |
| 予備ガソリン<br>タンク | いざというときの<br>バックアップ | バッテリーアラームと<br>予備電池への切り替え |

# アナロジー発想法

Analogy thinking method

既存商品の常識的な機能や特徴を覆す画期的な商品を創造する
革新型発想法

　アナロジー発想法（analogy thinking method）は**革新型発想法**（innovative thinking methods）の１つと考えられています。本テーマのほかBT42の焦点発想法などがあります[*]。

　アナロジー発想法は，特に新しい**視点**（perspective）を必要とする場合に有効です。異なる対象間での**類似点**（similarity）を通じて，**意外な**（unexpected）解決策やアイデアを見つけ出す方法で次のプロセスをとります。

① 企画の対象商品の常識的な機能や特徴を列挙し，いったんそれらの**常識**（common sense）を**否定**（negate）して，**逆前提**（contrary assumption）を設定する。
② 設定した逆前提により発生する問題点を挙げる。
③ 問題点を解決するキーワードを設定する。
④ まったく異質な分野でそのキーワードをメリットとしている対象（アナロジー）を考える。
⑤ アナロジーをヒントとして，テーマとなった商品を新たな言葉で表現する。

（＊）出典：神田範明編『ヒットを生む 商品企画七つ道具―よくわかる編』（日科技連，2000年）

## Point

アナロジーの対象はまったく関連のない事象を無理に結びつけるのではなく，本質的な類似点や共通する構造を持つアナロジーを選ぶことが重要です。例えば，右記水筒の例では液体を入れるコンテナ（牛乳パック，急須）を対象にしています。

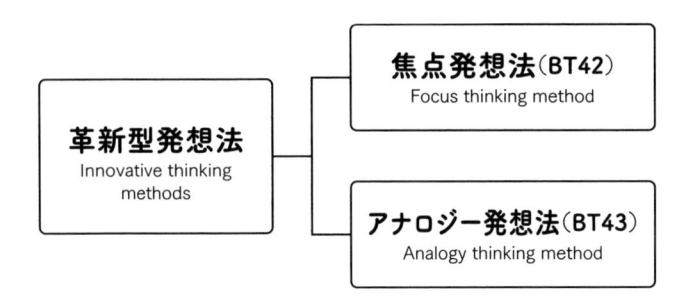

## アナロジー発想法を水筒に適用した例

| テーマ<br>Theme | 水筒<br>Water bottle | |
|---|---|---|
| 常識<br>Common sense | 蓋がある | 円筒状 |
| 逆前提<br>Contrary assumption | 蓋がない | 直方体 |
| 問題点<br>Problem | 物の出し入れが<br>できない | 持ちにくい |
| キーワード<br>Keyword | 一体化する | 持つ場所を<br>付ける |
| アナロジー<br>Analogy | 牛乳パック | 急須 |
| アイデア<br>Idea | 折りたたみ機能<br>付き水筒 | 取っ手付き水筒 |

# コンジョイント分析
Conjoint analysis

商品を構成する各要素が商品全体に与える
個別の効果を推定する分析方法

　一般に商品はそれを特徴付ける個々の要素の効果が結合して成り立っていますが，その商品に関しての顧客の好き嫌いの程度を要素レベルで直接質問しても正確な情報を得るのは難しいです。そこで，以下のプロセスで被験者にそれらの異なる要素を組み合わせた商品を提示して，その選好度を答えてもらい，各属性の影響度合いを求めます。

① 分析対象となる商品のキーとなる**属性**（attribute）を選び，それぞれの属性について異なる**水準**（level）を設定する。

② 属性別の水準を網羅的に組み合わせたいくつかの商品プロファイルを作成する。属性や水準数が多い場合は，実験の効率化のため**直交表**（orthogonal array）〈BT85〉などの活用も可能。

③ 幾人かの被験者に対してこれらの商品プロファイルを個別に評価してもらい，**選好度**（preference）〈評価点〉を収集し，平均値を取る。

④ 収集されたデータを基に各属性の評価点への**重回帰分析**（multiple regression analysis）を実施，それらの**偏回帰係数**（partial regression coefficient）を求め，各属性の商品選択への**寄与率**（contribution rate）を算定する（偏回帰係数が意味する変動幅の二乗値の割合）。

## Point

コンジョイント分析では構成要素の属性が他の属性で補償される補償型のみが分析対象となります。1つの属性，例えば車の場合，エンジンの性能が多少劣っていても，他の属性，例えばコストが安ければ購入されるというトレードオフが成り立つケースが該当します。右図は一眼カメラに適用した例です（筆者作成）。

## 一眼カメラの例

### キーとなる属性と水準

| | 1 | 2 |
|---|---|---|
| センサーサイズ | APS-C | Full size |
| 画素数〔Megapixels〕 | 1000 | 3000 |
| 連射性〔FPS〕 | 5 | 10 |

### 被験者に評価してもらう組み合わせと評価結果

| No. | センサーサイズ | 画素数〔万画素〕 | 連写性〔コマ/秒〕 | 評価点 |
|---|---|---|---|---|
| 1 | APS-C | 1000 | 5 | 3.8 |
| 2 | APS-C | 1000 | 10 | 4.1 |
| 3 | APS-C | 3000 | 5 | 4.5 |
| 4 | APS-C | 3000 | 10 | 4.9 |
| 5 | Full size | 1000 | 5 | 5.6 |
| 6 | Full size | 1000 | 10 | 6.7 |
| 7 | Full size | 3000 | 5 | 6.8 |
| 8 | Full size | 3000 | 10 | 7.6 |

**ダミー変数化** ⇒

| No. | センサーサイズ | 画素数〔万画素〕 | 連写性〔コマ/秒〕 | 評価点 |
|---|---|---|---|---|
| 1 | 0 | 0 | 0 | 3.8 |
| 2 | 0 | 0 | 1 | 4.1 |
| 3 | 0 | 1 | 0 | 4.5 |
| 4 | 0 | 1 | 1 | 4.9 |
| 5 | 1 | 0 | 0 | 5.6 |
| 6 | 1 | 0 | 1 | 6.7 |
| 7 | 1 | 1 | 0 | 6.8 |
| 8 | 1 | 1 | 1 | 7.6 |

説明変数　　目的変数

### 重回帰分析
EXCELでの計算結果例

| | Coefficient | P-value |
|---|---|---|
| 切片 Intercept | 3.55 | 3.62905E-05 |
| センサーサイズ | 2.35 | 0.000185085 |
| 画素数〔万画素〕 | 0.9 | 0.007025725 |
| 連写性〔コマ/秒〕 | 0.65 | 0.021260747 |

$$Y = 2.35\,X_1 + 0.9\,X_2 + 0.65\,X_3 + 3.55$$

### 変動幅と寄与率

| | 変動幅（偏回帰係数） | 寄与率〔%〕 |
|---|---|---|
| センサーサイズ | 2.35 | 82 |
| 画素数〔万画素〕 | 0.9 | 12 |
| 連写性〔コマ/秒〕 | 0.65 | 6 |

# E

# リスクマネジメント

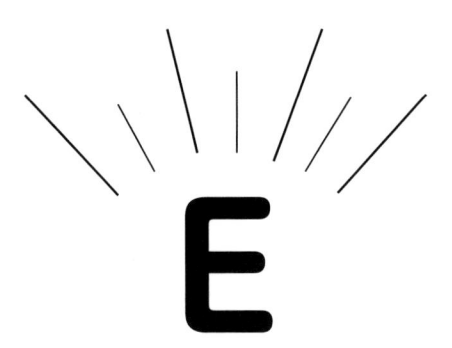

# リスクアセスメント(1) リスクの特定

Risk assessment (1) Risk identification

組織活動や個別プロジェクトのリスクアセスメントを実施する際の
初期ステップとして，発生し得る不確実な事象を特定する活動

　組織活動や個別プロジェクトには活動目的があります。この目的を設定した瞬間に**リスク**（risk）は現れます。活動目的がない場合にはリスクは存在しません。

　リスクは未来に起こる**不確実**（uncertainty）な事象であり，例えば利益が下振れする可能性がある場合にはリスクが存在します。一方で，利益が上振れする場合には**機会**（opportunity）が生じます。しかしながら，どちらの場合も目標値からのずれが発生するため，**変動リスク**（variability risk）とも言われます。

　**リスクアセスメント**（risk assessment）はまずどのようなリスクが予想されるか特定することから始めます。この特定のためにはSWOT分析，**ブレーンストーミング**（brainstorming）など多くの方法が考えられます。

## Point

リスクアセスメントとは組織活動や個別プロジェクトにおいて潜在的な問題や逆境を予期し，それらを識別，評価，管理するプロセス全体のことを言います。

活動目的がない場合には
リスクは存在しない

活動目的達成に必要な要素に
対してリスクは現れる

人
組織

リスク

リスク

リスク

特に活動目的なし

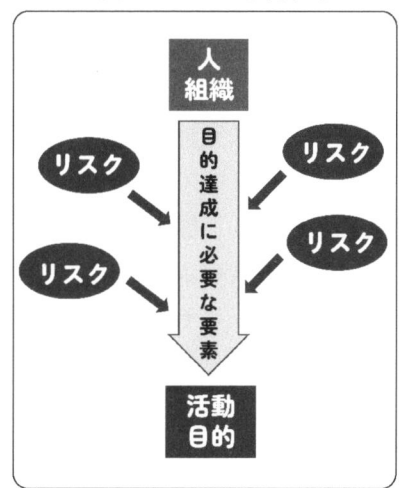

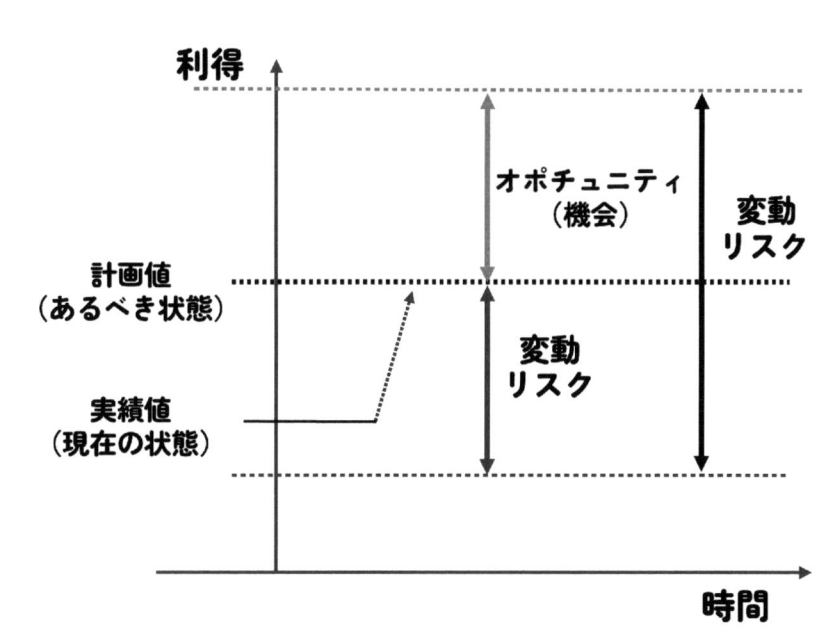

# リスクアセスメント(2) リスク分析

Risk assessment (2) Risk analysis

リスクアセスメントの一環として,リスクの特定に続き,
リスクの発生確率と影響度を評価する活動

E

リスクマネジメント

　特定されたリスクに関して,さらなる調査を行い,それらのリスクがプロジェクトやビジネスに与えると予想されるリスクの大きさを評価します。

　例えば,個人的に国家資格を取得しようと準備を進めているとします。その場合に,右表のようにまず考えられるリスクを特定します。

　次にリスクごとにそのリスクの**発生可能性**（probability of occurrence）を評価します。その後,その問題が活動目的を阻止した場合の**影響度**（impact level）を評価します。この発生可能性と影響度から,最終的なリスクの大きさを算出します。右図の例では発生可能性と影響度の**積**（product）で評価しています。

## Point

リスクを分析する際にはプロジェクトへの参加者,関連部門,さらには外部の専門家など,できるだけ広範囲の意見を取り入れ評価することが肝要です。

# 考えられる
# リスク

| 考えられるリスク | 発生可能性 | 影響度 | リスクの大きさ |
|---|---|---|---|
| 相談できる既合格者が見つからない | 2 | 1 | 2 |
| 適切な予備校が見つからない | 1 | 2 | 2 |
| 仕事が忙しすぎて勉強できない | 3 | 3 | 9 |
| 友人から頻繁に遊びの誘いがくる | 2 | 2 | 4 |
| 試験の申込期日までに申し込まない | 1 | 3 | 3 |
| 風邪をひいて受験できない | 3 | 3 | 9 |

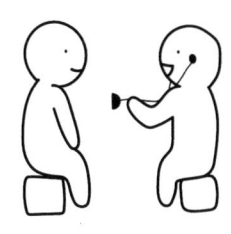

# リスクアセスメント(3) リスク評価

Risk assessment (3) Risk evaluation

> リスクアセスメントで特定されたリスクについて，発生確率と影響度を評価し，その結果に基づいて優先順位を付けた後，対応策を策定する活動

E

リスクマネジメント

　リスクの発生確率と影響度を基に，リスクの優先順位付けを行い，リスクの大きさが許容可能なレベルにあるのか，あるいは特定のリスクコントロール（control）が必要かを判断します。

　リスクコントロールの種類にはリスクの**回避**（avoidance），**低減**（mitigation），**移転**（transfer），**受容**（acceptance）などが考えられます。対象としているリスクがリスク評価マップのどこに位置するかで対応策を策定していきます。

　BT46の国家資格取得の例をリスク評価マップに当てはめると，右図のようになります。このマップに基づき重要度が「極大」と「大」に関しては，以下のような対応策をとり，リスクを低減していきます。

| 考えられるリスク | リスクの大きさ | 対策 |
|---|---|---|
| 仕事が忙しすぎで勉強できない | 極大 | 強制的に勉強時間を作る |
| 風邪をひいて受験できない | 極大 | 試験 1 カ月前からマスクを着用 |
| 試験の申込期日までに申し込まない | 大 | 申込期日をカレンダーに書込む |

### Point

リスク評価を行うことで，リスクを体系的に想定することができ，リスクコントロールのための基礎を確立できます。組織やプロジェクトが直面する潜在的な問題や脅威に対して，リスク対応力が高まります。

リスクの全部または一部を組織の外部に転嫁することで影響を和らげる  移転  回避  リスクの原因となる活動を延期または中止する

大

低減
Mitigation

回避

移転・低減
Transfer
Mitigation

低減
Mitigation

低減
Mitigation

受容

影響度
Impact level

小

低　　発生可能性　　高
Probability of occurrence

対策案を取らずにリスクを受け入れる  受容  低減  リスクの発生可能性や発生した場合の影響度を和らげる

BT
47

| | 大 | | |
|---|---|---|---|
| | 重要度：大 | 重要度：極大 | 重要度：極大 |
| | 試験の申込期日までに申し込まない | | 仕事が忙しすぎて勉強できない

風邪をひいて受験できない |
| 影響度
Impact level | 重要度：中 | 重要度：中 | 重要度：大 |
| | 適切な予備校が見つからない | 友人から頻繁に遊びの誘いがくる | |
| | 重要度：極小 | 重要度：極小 | 重要度：小 |
| | | 既合格者が見つからない | |

小

低　　発生可能性　　高
Probability of occurrence

# PDPC法

Process decision program chart analysis

実行計画が当初の予定通りに進捗するとは限らないことが懸念される場合に，実施過程で起り得る不測事態を事前に予測し対応していく手法

策定した計画やプロジェクトの実施に当たって，直面する可能性のある問題を事前に予測し，それらに対する対策や**代替計画**（contingency plan）を策定しておく方法で，次のプロセスで作成します。

① 出発点とゴールを決める
② 出発点からゴールまでの楽観ルートを作る
③ **楽観**（optimistic）ルートに対し**悲観的な**（pessimistic）**不測事態**（unforeseen circumstances）を予想し，楽観ルートに戻る対策を立案記述する。
   ➤ 現時点で対策が思いつかなければ，「？」マークを付けておき進展過程で書き直す。
④ 問題解決のシナリオと留意点を整理する
   ➤ 想定される新たな課題に対する解決のための留意点を整理し，担当者や期限などを明確にしておく。
   ➤ 実施に当たって可能性が高いと考えられるルートを推定しておく。
   ➤ 楽観ルートからそれた場合の**次善ゴール**（second best goal）も想定に入れておく。

## Point 👆

リスク評価プロセスにはすべての関係者が参加し，可能な限り多くのリスクや不測の事態を特定する必要があります。ただし，過度の詳細は避け，状況の変化に応じて適時修正することにも留意する必要があります。

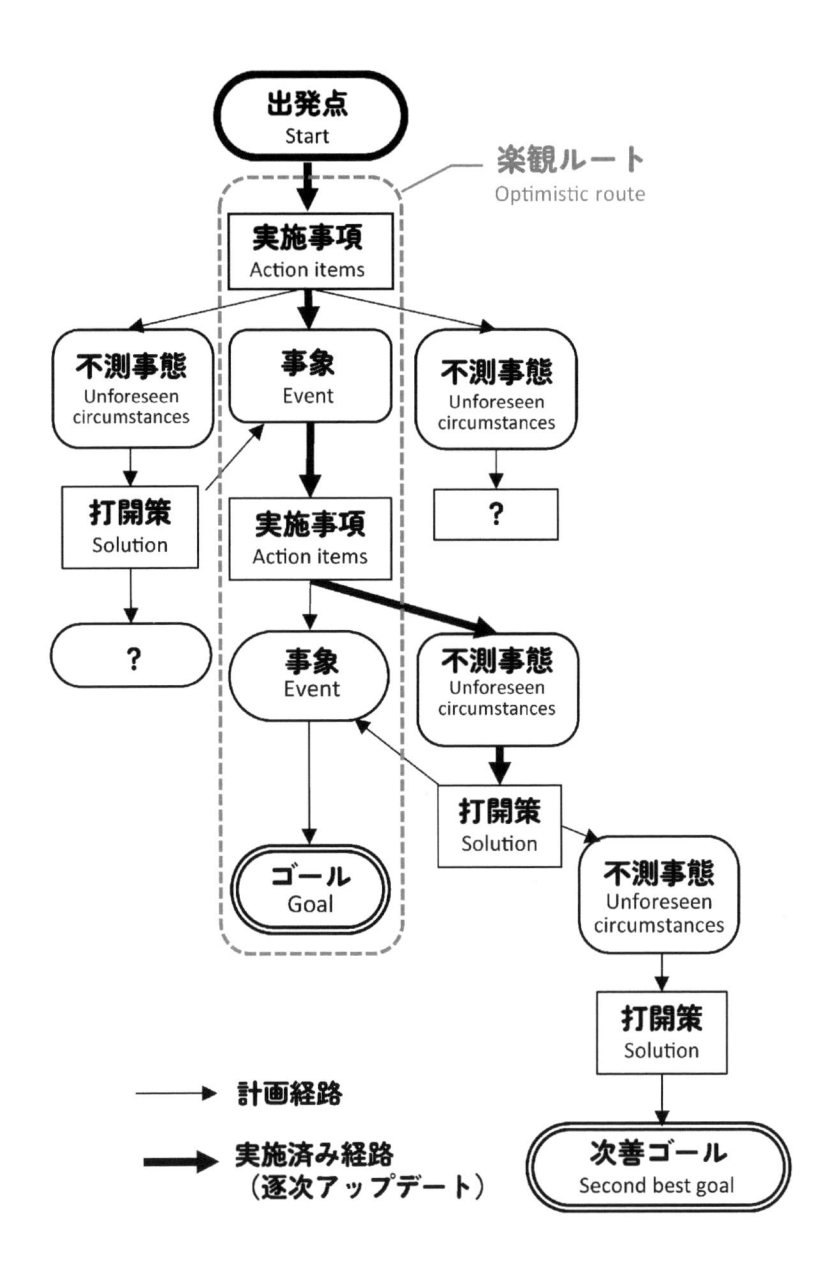

# 故障モード影響解析 (FMEA)
### BT 49
Failure Modes and Effect Analysis

システムや製品の設計，製造プロセスなどにおいて，潜在的な故障や不具合の原因をあらかじめ特定し，その結果として生じる影響を評価する手法

　新たなシステムや製品の設計，製造プロセスの導入時には，開発された製品や作業に新たな問題が起きる可能性があります。そのため，事前にそれらを予測して，リスクを低減させることが必要です。しかし，すべての可能性に対応するのは現実的ではないため，リスクを特定したら，その**優先順位**（priority）を付け，**回避**（avoidance）または**低減**（mitigation）するための対策を策定・実施します。この手法（FMEA）は**品質管理**（quality control）と**リスクマネジメント**（risk management）の分野で広く用いられており，一般に次のプロセスをとります。

① 対象となる新設計部品や新機構を特定する。
② 各新設部品や新機構において発生可能性のある**故障**（failure）や**不具合**（malfunction）を特定する。
③ 特定された**故障モード**（failure mode）が引き起こす影響を分析する。
④ 故障モードを引き起こす原因を同定する。
⑤ 故障モードの発生確率と**影響度**（severity）を評価する。
⑥ 以上の過程で得られた故障モードの発生確率，影響の重大さ，および検出しやすさを基に**リスク優先度**（RPN, Risk Priority Number）を計算し，対処するリスクの優先順位を決定する。
⑦ 対策実施の後，その効果をモニタリングし，FMEAを更新して継続的な改善を行う。

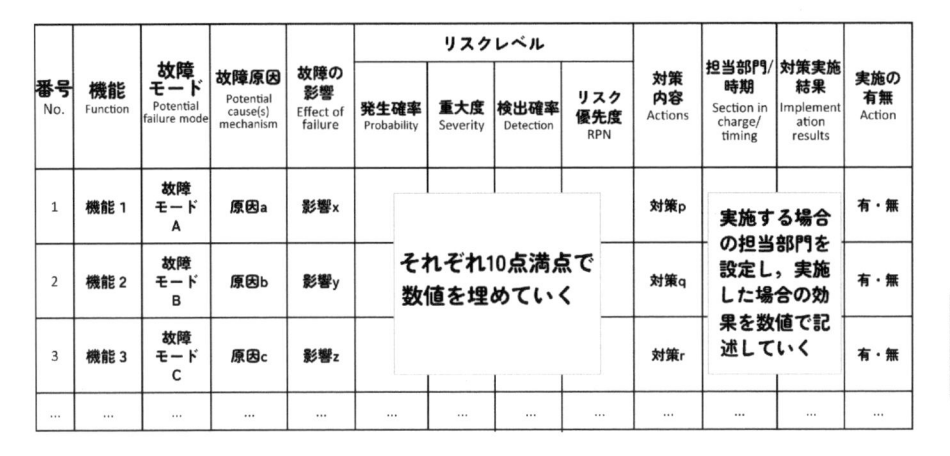

| 番号<br>No. | 機能<br>Function | 故障<br>モード<br>Potential<br>failure mode | 故障原因<br>Potential<br>cause(s)<br>mechanism | 故障の<br>影響<br>Effect of<br>failure | リスクレベル | | | | 対策<br>内容<br>Actions | 担当部門/<br>時期<br>Section in<br>charge/<br>timing | 対策実施<br>結果<br>Implement<br>ation<br>results | 実施の<br>有無<br>Action |
| | | | | | 発生確率<br>Probability | 重大度<br>Severity | 検出確率<br>Detection | リスク<br>優先度<br>RPN | | | | |
| 1 | 機能1 | 故障<br>モード<br>A | 原因a | 影響x | それぞれ10点満点で<br>数値を埋めていく | | | | 対策p | 実施する場合<br>の担当部門を<br>設定し，実施<br>した場合の効<br>果を数値で記<br>述していく | | 有・無 |
| 2 | 機能2 | 故障<br>モード<br>B | 原因b | 影響y | | | | | 対策q | | | 有・無 |
| 3 | 機能3 | 故障<br>モード<br>C | 原因c | 影響z | | | | | 対策r | | | 有・無 |
| ... | ... | ... | ... | ... | ... | ... | ... | ... | ... | ... | ... | ... |

**Point**

一般にはRPN値が高い故障モードに対して対策を講じます。しかし，人命に関わるような重大な影響を及ぼす可能性のある故障モードや頻繁に発生すると予測される故障モードはたとえRPN値が低くても優先して対策を講じるべきです。なお，対策にかかるコストと必要なリソースも留意して対策の有無を決定する必要があります。

BT
49

# アローダイヤグラム法（ADM）

Arrow Diagram Method

リスク管理との統合により，プロジェクトの成功確率を向上させるための
スケジュール技法

　複雑な関係を持つ作業工程や工事計画などのプロジェクトにおいて，各作業間の依存関係をネットワーク図で表現することで，プロジェクト完了までの重要経路を特定し，効率よく進捗を管理する方法です。以下に作成プロセスの例を示します。

① テーマに従って作業要素（下例ではAからF）を書き出し，必要な所要時間/日数を併記する。

② 作業の順序関係をつけ，左端に最初の，右端に最後の作業を配置する。

③ **結合点**（connecting point）（下例では1から6）と矢線を書き入れる。

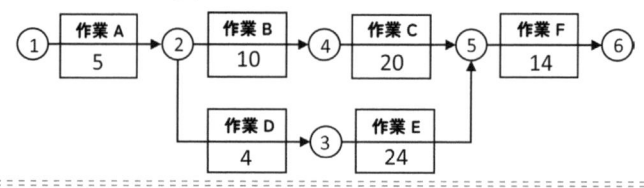

④ 始点をゼロ（0）として矢印の方向に各作業の所要日数を終点まで加えてゆき，全工程に要する日数（最早結合点日程）を計算し，結合点上の四角の上段に記入。分岐が再結合する点には最も遅く終わる作業の終了日程を記入する。

⑤ 終点の最早結合点日程の値（下例では49）が決まると，それを初期値として矢線と反対方向に各作業の所要日数を引き，その日数（最遅結合点日程）を四角の下段に記入。最遅結合点日程は，分岐点に集まった複数の最遅結合点日程の最小値とする。

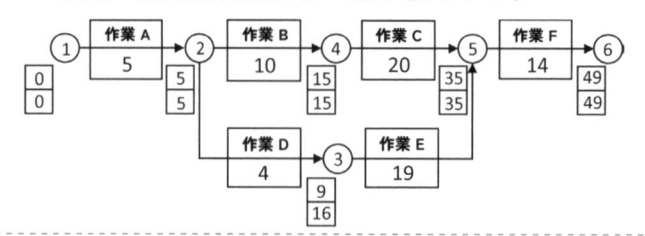

⑥ 各作業ごとの余裕日数を計算し，きめの細かい管理を行う。作業E
  を例にとると，この作業は早ければ開始日より9日後より着手でき
  るが，35日後までには完了する必要がある。作業に19日かかるので，
  早ければ28日後には完了することになる。この日程の差である7（＝
  35−28）日が余裕日数になる。これは**全余裕**（total float）と呼ばれ，
  1つの経路における余裕日数を表す（図中のカッコ内）。

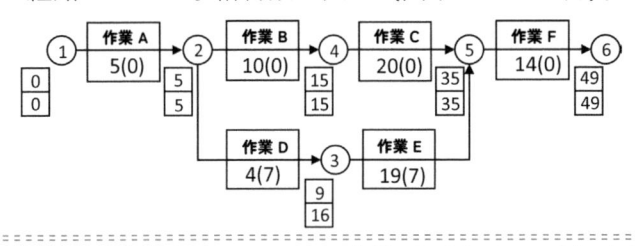

⑦ 全余裕が0の作業を**クリティカル作業**（critical work）と言い，この
  クリティカル作業が連なる余裕日程のない経路は「**クリティカルパス**
  （critical path）」（図中太線）と呼ばれる。

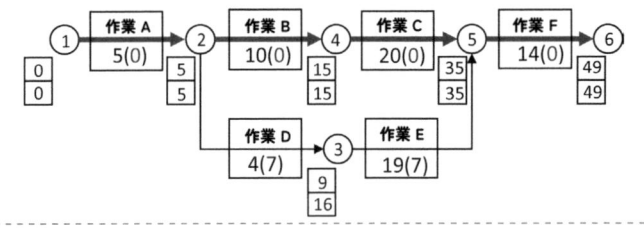

> **Point**
>
> ADM を用いることで，プロジェクトの完了に至る過程で短縮す
> ることができない経路であるクリティカルパスを明確にすること
> ができます。クリティカルパスにある作業が遅れると，全体のス
> ケジュールに影響が出るため，こうしたリスクは特に慎重に，回
> 避，低減するなど注意深く管理する必要があります。他方で，ク
> リティカルパスにない作業については，リスクを移転，あるいは
> 受容するなどの対応策が取れます。この方法によって，プロジェ
> クトのリスク管理がより効果的に行え，成功の見込みを高めるこ
> とができます。

# VUCA フレームワーク
VUCA framework

変化が激しく予測不可能な環境における意思決定と戦略策定を
ガイドするために用いられるフレームワーク

E

リスクマネジメント

　ブカ・フレームワーク（VUCA framework）は米ソ冷戦終了後の混沌と
する情勢を捉えるために，アメリカ陸軍戦略大学校にて作られた軍事用語
ですが，現在では既存産業やビジネスモデルの不安定な状況に対しても使
われ始めています。なお，このフレームワークの名前VUCAは現代社会の
特徴とされる以下の4つの英単語の頭文字で構成されています。

① **変動性**（Volatility）：状況が不安定で予測が難しく，変化が速いこと。
　　対策としては，柔軟性を持ち，迅速に対応できる体制を整えること
　　が求められます。

② **不確実性**（Uncertainty）：未来の出来事やその結果に対する不確実
　　性のことで，予測が難しいこと。このような状況では，より良い情
　　報収集と分析が必要です。

③ **複雑性**（Complexity）：多くの相互依存する要因がからみ合い，状況
　　を理解しにくいこと。複雑性を管理するには，システム的思考や複
　　数のステークホルダーとの協働が必要です。

④ **曖昧さ**（Ambiguity）：情報が不完全または解釈が難しく，リスクと
　　機会を明確に判断できないこと。曖昧な状況では，従来の方法に固
　　執するのではなく，リスクを受け入れ，創造的な思考やイノベーシ
　　ョンを通じて，複数の解決策を模索し，実施していくことが重要です。

# VUCA framework

既知 ←——————→ 未知

予測可能

| | |
|---|---|
| **変動**<br>Volatile<br>状況を良く知っていて，行動の結果を予測可能<br> | **複雑**<br>Complex<br>状況は理解できないが，行動の結果は予測可能<br>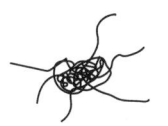 |
| **不確実**<br>Uncertain<br>状況を整理して理解可能であるが，先が読めない<br> | **曖昧**<br>Ambiguous<br>状況を理解できず，行動の結果も予測できない<br> |

予測不可能

**Point**

このフレームワークでは，物事が既知か未知か，そして予測可能かどうかという2つの軸に基づいて，4つの象限に分類できます。既知でありながら予測可能な「変動性」は，表面上は安定しているように見えるかもしれませんが，現代の環境では変化は避けられず，その変化は急激である可能性があります。そのため，予想外の変化に常に備える重要性を，このフレームワークは示唆しています。

# BT 52 OODAループ
OODA loop

**短時間あるいは短期間のうちに意思決定,
行動するためのマネジメントループ**

　ウーダループ（OODA loop）の起源は「敵よりも速くサイクルを回して優位に立つ」という，軍事的な戦略に基づいています。状況の変化を迅速に捉えて行動を決定するモデルで，**みる**（Observe），**わかる**（Orient*），**きめる**（Decide），**うごく**（Act）の順に進みます。計画的な改善を重視する**PDCAプロセス**（PDCA process）とは異なり，OODAループはすばやい意思決定と適応に重点を置いています。

① みる：**意識して**（consciously）**観る**（observe）
　・ただ見るのではなく，観る
　・主観を排し，客観に徹する

② わかる：**ぶれない**(unwavering) **世界観**（world view）を持ち理解する
　・対象に本人の世界観を重ね合わせ理解する
　・自分なりに理解して納得する
　・厳密な正確さは不要

③ きめる：可能な限り**直感**（intuition）で**判断**（judge）
　・手持ちのパターンに合えば直感で動く
　・手持ちのパターンに合わなければ，頭に浮かんだこと（仮説）を試す（検証）

④ うごく：**すぐに**（immediately）**実行する**（act）
　・最後までやり抜くこと
　・単なる行動ではなく，成果が出るように実行
　・すぐに実行するという意志を徹底

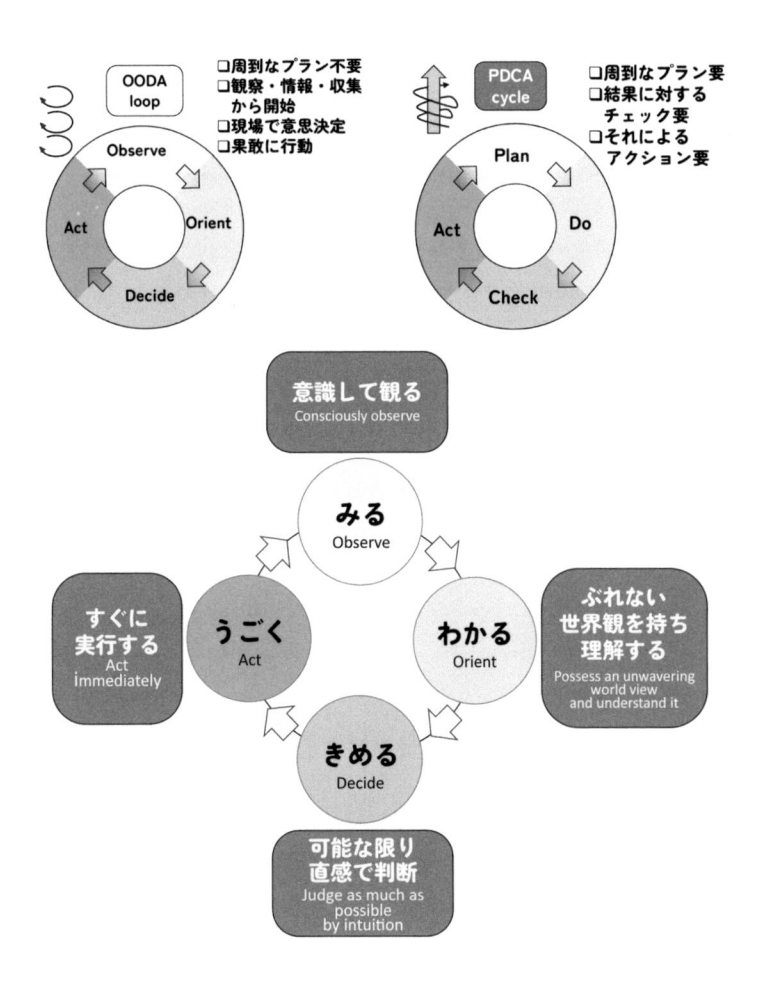

**Point**

Orient* は方向付けを意味しますが，これは頭の中で理解して方向付けるという意味と捉えることができます。ここで重要になるのが「〜とはこういうものだという認識，見方」を意味する世界観です。状況によっては人生観，仕事観などになります。ぶれない世界観を持つことが迅速な問題の解決につながります。

# BT 53 リスクとレジリエンス
Risk and resilience

リスクとレジリエンスは相互依存しており，
リスクが現実となった際の復元力や回復力がレジリエンス

　リスクとは一般に，**擾乱**（perturbation）を受け，望ましくない**損傷**（damage）などが発生する可能性のことで，**レジリエンス**（resilience）はそのような損傷に直面した際に，迅速に回復し，元の状態に戻る，またはより良い状態に適応する能力のことです。

　この回復概念は機械や交通などの人工システム，国家，都市や企業などの社会システムのみならず生態系などのシステムにも適用可能で，**システムレジリエンス**（system resilience）と呼ばれています。また，そのプロセスは**レジリエントサイクル**（resilient cycle）と呼ばれ，損傷に対する**準備**（preparation）を整え，ショックを**吸収**（absorption）し，効率的に**回復**（recovery）し，将来のショックに向けて**適応**（adaptation）するプロセスからなります。

　なお，レジリエンスの形態には右に記述した**構造的レジリエンス**（structural resilience），**機能的レジリエンス**（functional resilience），**革新的レジリエンス**（innovative resilience）があります。

## Point

**レジリエント**（resilient）とは弾力のあること，快活で，たちまち元気を回復することを意味します。そのため，レジリエンスは環境の変化で一時的に機能を失っても，柔軟に回復できる能力を意味することがわかります。

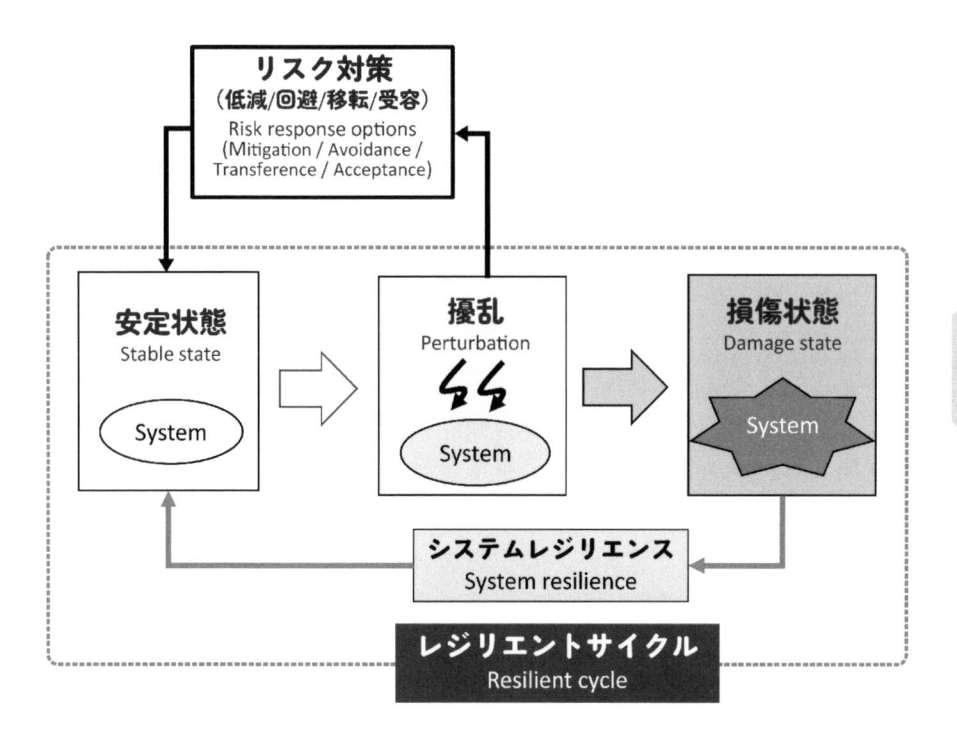

**BT**
**53**

構造的レジリエンス／Structural resilience
　壊れた部分を交換・修復し，システムを攪乱の前とまったく同じ構造に
　戻すことで，社会全体の持続可能性を高める。
機能的レジリエンス／Functional resilience
　従来と異なる構造も許容しつつ，システムの目的・機能を同等以上に維
　持する。
　　［例］企業経営の場合，売上高・純利益といった数値目標を満足でき
　　　れば良い。
革新的レジリエンス／Innovative resilience
　システムの機能や目的を失った場合，新たに別の機能や目的を持ったシ
　ステムに作り変える。
　　［例］内戦継続後に国家を統一する新政権が現れる。

# 事業継続計画（BCP）

Business continuity plan

災害や緊急事態の際に，企業が被害を最小限に抑え，
すぐに業務を再開できるよう事前に策定するレジリエンス計画

　**事業継続計画**（business continuity plan）は，企業が突発的な**緊急事態**（emergency situation），例えば**自然災害**（natural disaster）や**大火災**（great fire），**テロ攻撃**（terrorist attack）に直面した際に，ビジネスの重要な部分を守り，迅速に仕事を再開できるように事前に準備しておくためのプランです。この計画には，災害時にどう行動するか，どの業務を優先するか，どういった手段を使って事業を続けるかが含まれます。目的は，災害が起こった時でも，企業の損害を最小限に抑えながら，必要なビジネス活動を維持することですが，このプランを社内外に明確に示すことで顧客や市場関係者からの高い信用を維持することもできます。

　BCP策定の定着には日本政府も力を入れています。例えば，2019年より経済産業大臣が認定する「事業継続力強化計画認定制度」が始まっており，認定を受けた中小企業には，**税制措置**（tax measures）や**金融支援**（financial support）等さまざまな支援策を受けることができるメリットがあります。申請に当たっては，次のようなBCPの基本要件を明確にします。

➤計画の目標

➤ハザードマップ（hazard map）等を活用した自然災害などにおけるリスクの確認結果

➤**安否確認**（safety confirmation）等の初動対応手順

➤ヒト・モノ・カネ・情報を守るための事前対策

➤訓練等の実行性の確保に向けた取組

　単独企業では対応できないリスクに対しては，複数事業者が連携して災害時の相互協力体制を計画する連携事業継続力強化計画制度もあります。

## BCPを準備するメリット
### Benefits of preparing a BCP

平常時からBCP
を周到に準備

緊急時に倒産や事業縮
小を避け，事業の<u>継続・
早期復旧</u>が可能となる

顧客の<u>信用</u>を維持し，
市場関係者から高い評価
を受けることとなり，
株主にとって<u>企業価値の
維持・向上</u>につながる

Trust

**Point**

日本には古くから根強い**安全神話**（safety myth）があります。
しかし，実際には世界の中でも自然災害が多く近年では，2011年
の東日本大震災，2018年の西日本豪雨，2024年の能登半島地震な
ど，さまざまな自然災害が発生し，多くの企業の経営に影響をも
たらしています。しっかりとしたBCP策定によるリスク管理が
重要です。

# F

# 財務・会計

## BT 55 損益計算書

Income statement

企業の一定期間の経営活動の成績を収益と
費用の観点からまとめたもの

損益計算書（income statement）は，企業の財務状態と経営成績を評価するための重要なツールの１つです。企業がどのように収益を得て，それをどのように使っているかを明確にし，将来の戦略策定において非常に重要な役割を果たします。また，年次，半期または四半期ごとに作成され，公表される場合は**投資家**（investor），銀行，その他の**利害関係者**（stakeholder）による定期的な外部評価も可能です。

損益計算書は「**売上高**（revenue）－**費用**（expense）＝**利益**（profit）（または**損失**（loss））」の基本的な数式に従って，利益の性質の違いにより，上から下へ配列されており，比較的理解しやすい構成になっています。一般には税引き後，純利益が得られた場合は，ここから**利益処分**（profit allocation）が行われ，株主への**配当金**（dividend）などが差し引かれます。

BT59で解説する収益性および効率性分析を行う際のベースとなり，時系列変化の検討や同業他社の値との比較により問題点を突き止めることにつながります。

### Point ✌

ビジネスや日常の対話で「Bottom line is...」というフレーズを用いるとき，それは「肝心なのは...」または「最も重要なことは...」と言いたいときです。この言い回しは，会社の財務成績の決定的な尺度である損益計算書の最後の行，つまり**純利益**（net profit）や**純損失**（net loss）を示すことに由来しています。

# 損益計算書

20x0/3/31 FY Income Statement

**売上高** Revenue

　　一 **売上原価** Cost of goods sold（**製造業・小売業等**）
　　　　　　　 Cost of sales（**サービス業等，広義**）

**売上総利益** Gross profit

　　一 **販売費** Selling expenses
　　一 **一般管理費** General and administrative expenses

**営業利益** Operating income

　　＋ **営業外収益** Non-operating income
　　一 **営業外費用** Non-operating expenses

**経常利益** Ordinary income

　　＋ **特別利益** Extraordinary income
　　一 **特別損失** Extraordinary losses

**税引き前当期利益** Profit before tax

　　一 **法人税等** Income taxes, etc.

**当期純利益** Net profit ─────────┐

　　　　　　　　　　　　**（利益処分により一部外部流出）**

**利益**
Income

**損失**
Loss

BT
**55**

# バランスシート

Balance sheet

財務諸表の1つで，各期末といったタイミングでの
資産と負債および株主資本のバランスのスナップショット

バランスシート（balance sheet）は，ある時点での会社の財務状態を表す**財務諸表**（financial statements）の1つです。株式会社では，創業時に投資家から提供された資本金でビジネスを開始します。企業活動を始めると，通常，**運転資金**（working capital）の増加や新たな投資機会を追求するために，追加の資金が必要になります。この追加資金は，一般に銀行からの借入や他の借金手段を通じて調達されます。

バランスシートの右側（負債と株主資本の部）には，これらの資金調達方法が記されます。負債は会社が**返済**（repayment）を約束した金額を示し，株主資本は会社が発行した株式を通じて**調達**（procure）した資金と，留保された**利益剰余金**（retained earnings）で構成されます。

バランスシートの左側（資産の部）には，企業が所有する資産が記されています。これには，事業運営のために保持している現金や在庫などの流動資産および工場や建物などの固定資産が含まれます。これらの資産の価値は市場状況，経済環境の変化や会計処理によって変動することがありますが，バランスシートはその名の通り，常に資産の合計が負債と株主資本の合計に等しくなるように作成されます。

借入金に関しては，返済が行われるとその残高は減少します。資本金は基本的に固定された額ですが，企業が新たに株式を発行したり，発行済み株式を買い戻したりすることで変動することがあります。しかし，これらの変更は通常は大きなものではありません。そのため，期間にわたる資産の価値の変動は，主に利益剰余金の増減としてバランスシート上に反映されます。

F

財務・会計

# バランスシート
### Balance Sheet

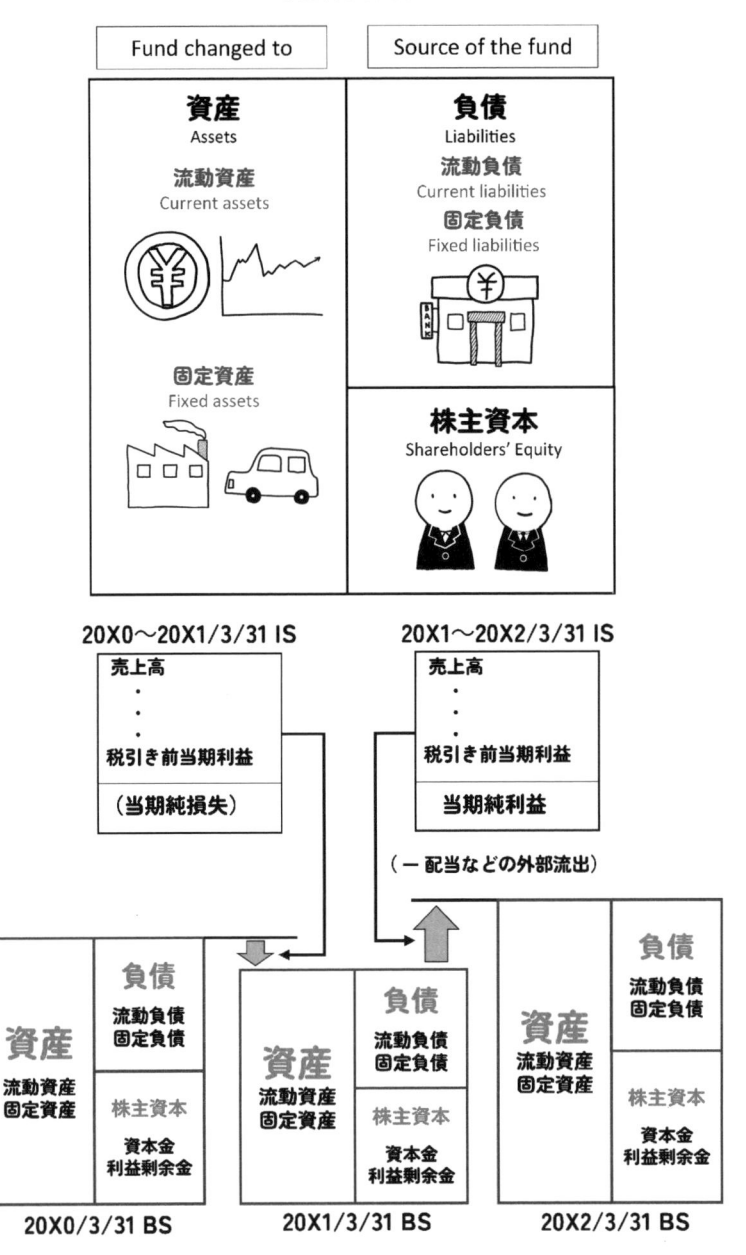

IS：損益計算書　　　BS：バランスシート

# BT 57 債務超過と破産

Excessive liabilities and bankruptcy

債務超過は株主資本が消滅し負債額が資産額を超えた状態であり,
法的に破産が申請された状態とは異なる概念

**債務超過**(excess liabilities)とは会社の負債額が資産額を超えた状態で,企業の**財務健全性**(financial health)に関する重大な問題です。

新事業や新製品開発への投資や**運転資金**(working capital)のために,借入をしたが,思うような成果が得られず,返済能力が収益に見合わない場合,あるいは会社の所有資産が**市場価値**(market value)よりも過大に計上されていた場合に,その価値を修正すると結果として資産が負債を下回る場合などが考えられます。

右図の(a)から(c)の状態になった状況で,銀行などの債権者から返済を請求された場合,すべての資産を売却しても返済不可能な借入金が残ります。この状況が債務超過です。

債務超過は,**支払い不能**(insolvency)状態や会社の**清算**(liquidation)につながる可能性がありますが,債権者が返済を強要しなければ,企業活動を続けることはできます。その後の企業の自助努力で再構築を行い,財務を改善することも可能です。なお,**破産**(bankruptcy)とは個人や企業が負債を支払う能力がないと認められた場合に適用される法的プロセスです。一方,日本語の**倒産**(bankruptcy)は企業が資金繰りの悪化など経済的な理由により事業を終了することを意味し,この支払い不能に陥ることも含まれますが,必ずしも法的な破産手続きを経るわけではありません。経済的な困難さからの事業の終了のことです。なお,廃業は経営者の引退,それに伴う後継者がいないなどの理由から経営者の意思で決定される自主的な事業の終了のことを指します。英語ではこれら事業の終了を総称して going out of business と言います。

なお,会計上利益が出ている会社でも,仕入れと支払いのタイミングのずれにより,十分な**つなぎ資金**(bridge financing)が確保できていなければキャッシュがショートしていき倒産になるケースもあります。これは**黒字倒産**(profitable bankruptcy)と言われます。

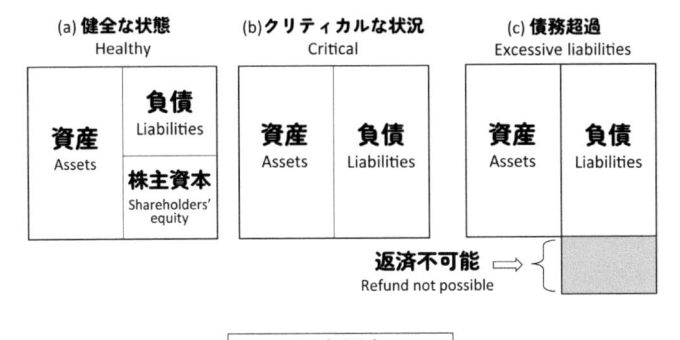

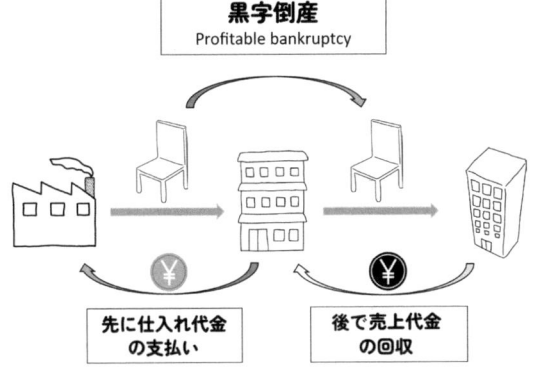

## Point

　企業が債務超過の状況で，債権者が返済を強く要求した場合，清算や**会社整理**（corporate restructuring）に入ることがあります。清算とは，企業が事業を終了し，資産を現金化してすべての債権者に返済するプロセスであり，主に破産手続きが該当します。一方，会社整理には，会社更生法や民事再生法に基づく法的手続きと，金融機関との交渉による私的整理が含まれます。会社更生法は主に大企業向けで，裁判所が選任した管財人が経営を行い，再生計画を進めます。一方，民事再生法は中小企業向けで，経営陣が継続して事業を運営しながら再生を図ることが可能です。

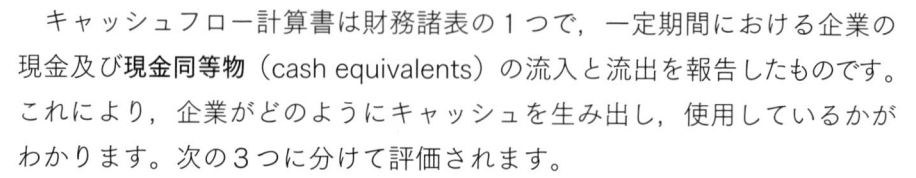

## BT 58 キャッシュフロー計算書

### Cash flow statement

一定期間における企業の現金の流入と流出をまとめた財務報告書

キャッシュフロー計算書は財務諸表の１つで，一定期間における企業の現金及び**現金同等物**（cash equivalents）の流入と流出を報告したものです。これにより，企業がどのようにキャッシュを生み出し，使用しているかがわかります。次の３つに分けて評価されます。

**営業活動**（operating activities）によるキャッシュフロー

（営業CF）：企業の主たる経営活動（本業）によって獲得したキャッシュの増減

**投資活動**（investing activities）によるキャッシュフロー

（投資CF）：投資活動によって生じたキャッシュの増減

**財務活動**（financing activities）によるキャッシュフロー

（財務CF）：財務活動によって生じたキャッシュの増減

下図のようにまとめ，評価されます（右上図が評価例）。

| Ⅰ | 営業活動によるキャッシュフロー | X |
|---|---|---|
| Ⅱ | 投資活動によるキャッシュフロー | Y |
| Ⅲ | 財務活動によるキャッシュフロー | Z |
| Ⅳ | 現金及び現金同等物の増減額 | B ($= X + Y + Z$) |
| Ⅴ | 現金及び現金同等物の期首残高 | A |
| Ⅵ | 現金及び現金同等物の期末残高 | A + B |

|  |  | ① | ② | ③ |
|---|---|---|---|---|
| I | 営業活動によるキャッシュフロー | −1000 | −500 | 600 |
| II | 投資活動によるキャッシュフロー | 2000 | −200 | −500 |
| III | 財務活動によるキャッシュフロー | −500 | 700 | −100 |
| IV | 現金及び現金同等物の増減額 | 500 | 0 | 0 |
| V | 現金及び現金同等物の期首残高 | 500 | 500 | 500 |
| VI | 現金及び現金同等物の期末残高 | 1000 | 500 | 500 |

①の経営状況:

　営業CFが大幅なマイナスで，**本業**（core business）からキャッシュを生み出せていない。資産売却でキャッシュを確保しており（投資CFがプラス），さらにその余剰資金で借入金を返済している（財務CFがマイナス）。長期的な財務健全性にとっては良い状態とは言えない。

②の経営状況:

　営業CFがマイナスで本業での儲けが出ていない。新たな投資を行っているようであるが（投資CFがマイナス），これらのマイナス分をカバーするために大きな借入れを行っている（財務CFがプラス。将来の成長に向けての投資と考えられる）。

③の経営状況:

　営業CFがプラスで，本業で利益が出ている。この資金を投資に回している（投資CFがマイナス）。また，利益の一部で借入金の返済を行っている（財務CFが少額であるがマイナス）。全体的に見ると，この状況は比較的良好と考えられる。

**Point**

上記の評価は１つのシナリオであり，その企業がどのような状況にあるかで判断は違ってきます。例えば①ではパンデミックなどの一時的な市場の混乱が起きているのかもしれません。②は起業当初の企業では十分考えられるケースです。

# 収益性および効率性分析

Profitability and efficiency analysis

貸借対照表と損益計算書を用いて，企業の収益力（儲ける力）や
資本の効率的な利用状況を評価する分析

F

財務・会計

企業が保有する**総資産**（total asset）（⑪）に対して満足な利益が得られているかを評価する目的で，**総資産利益率**（return on total asset：ROTA）が用いられますが，この指標は次式のようにAとBの積に分解されます。

$$総資産利益率 = \frac{利益}{総資産} = \overset{A}{\frac{利益}{売上高}} \times \overset{B}{\frac{売上高}{総資産}}$$

ここでAは**売上高利益率**（profit margin on revenue）で**収益性**（profitability）を示す指標です。分子となる利益は売上総利益（⑦），営業利益（⑧），経常利益（⑨），当期純利益（⑩）が考えられます。時系列に見て悪化していないか，また，同業他社の値と比較して，どこが劣っているかを評価し，問題点を探っていきます。

例えば，売上総利益率は業界平均であるが，営業利益率が劣っている場合，販売管理費や一般管理費などの**営業経費**（operating cost）にコストをかけすぎていないかなどの仮説を立て，調査を進めます。

次にBは**総資産回転率**（total asset turnover）で総資産の**効率性**（efficiency）を示す指標です。この回転率が高い方が総資産を効率よく使っていると言えます。資産の変動はないのにこの値が下がってくると，需要の低下，商品の陳腐化などのよる売上の減少が考えられます。一方，売上が変わっていないとすると不要な在庫や過度な設備投資により資産が有効利用されていないことなどが考えられます。

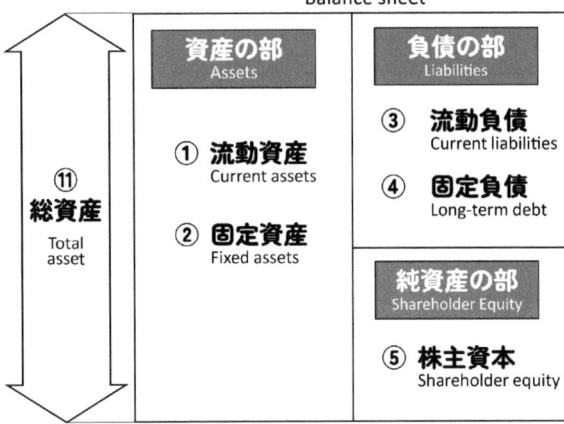

**バランスシート**
Balance sheet

**損益計算書**
Income statement

⑪ **総資産** Total asset

**資産の部** Assets

① **流動資産** Current assets
② **固定資産** Fixed assets

**負債の部** Liabilities

③ **流動負債** Current liabilities
④ **固定負債** Long-term debt

**純資産の部** Shareholder Equity

⑤ **株主資本** Shareholder equity

⑥ **売上高** Revenue
⑦ **売上総利益** Gross profit
⑧ **営業利益** Operating profit
⑨ **経常利益** Ordinary profit
⑩ **当期純利益** Net profit

⑦ **売上総利益＝売上高－売上原価**（Cost of goods sold）（製造業・小売業等）
Cost of sales（サービス業等，広義）

⑧ **営業利益＝売上総利益－営業経費**（Operating cost）

⑨ **経常利益＝営業利益＋営業外収益**（Non-operating income）
**－営業外費用**（Non-operating expenses）

⑩ **当期純利益＝経常利益±特別損益**（Extraordinary items）
**－税金**（Tax）

**Point**

当期純利益が大幅に減少したり，さらには赤字決算になるなど収益性が悪化している場合は，Ａの売上高利益率とＢの総資産回転率の２つの視点で検討を進め，数値に隠れている真の原因を探していきます。

# 安全性および安定性分析
## Safety and stability analysis

企業の短期的な財務リスクや支払い能力（安全性）を評価し，長期的な持続可能性や収益の安定性を評価するために行われる財務分析

　企業の全体的な財務状況を把握するため，まずは**短期安全性**（short-term safety）の視点から負債やその返済能力を中心に分析します。企業が直面している債務負担の度合いを評価し，流動性の問題がないかをチェックすることで，短期的な財務健全性を判断します。流動負債（③）に対する流動資産（①）の割合である**流動比率**（current ratio），さらには当座資産（①＊：流動資産から商品等の現金化しにくい資産を除いた資産）の割合である**当座比率**（quick ratio）で評価されます。一般には流動比率は200％以上，当座比率は100％以上が望ましいとされています。

　**長期安定性**（long-term stability）の視点からは，企業が長期にわたって経済的な不確実性や市場の変動に耐え得る能力を有しているか，持続可能な成長を遂げるための基盤がどれだけ安定しているかを分析します。長期をにらみ投資している固定資産（②）がどの程度負債（③④）ではなく株主資本（⑤）でまかなわれているかを表す**固定比率**（fixed ratio）で評価します。また，固定負債は短期に返済不要であるため株主資本と合わせて分母に組み入れた**固定長期適合率**（fixed long-term conformity rate）で評価もされます。固定長期適合率は一般には100％以下が望ましいとされています。

## Point

安定性評価には総資本に占める株主資本（⑤）の割合を示す**自己資本比率**（equity ratio）も重要な指標の１つとして用いられます。ただし，自己資本比率が非常に高い場合，企業が過剰な内部留保を行い，生み出したキャッシュを効果的に再投資していない可能性があります。その他の財務指標や業界標準とのバランスを考慮することが重要です。

# バランスシート
Balance sheet

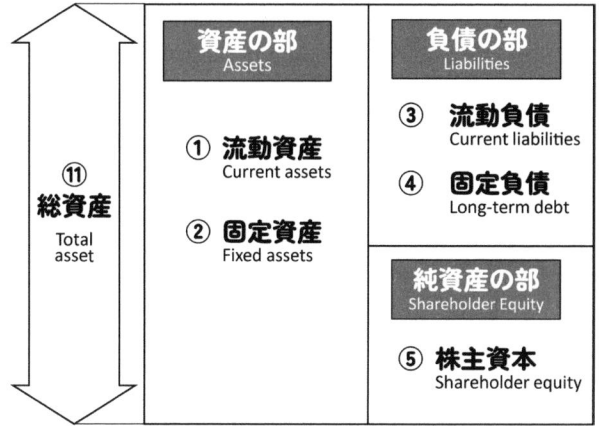

| | |
|---|---|
| **資産の部** Assets | **負債の部** Liabilities |
| ① **流動資産** Current assets | ③ **流動負債** Current liabilities |
| ② **固定資産** Fixed assets | ④ **固定負債** Long-term debt |
| | **純資産の部** Shareholder Equity |
| | ⑤ **株主資本** Shareholder equity |

⑪ **総資産** Total asset

短期安全性 Short-term safety

$$\text{流動比率 Current ratio} = \frac{\text{① 流動資産 Current assets}}{\text{③ 流動負債 Current liabilities}}$$

$$\text{当座比率 Quick ratio} = \frac{\text{①* 当座資産 Quick assets}}{\text{③ 流動負債 Current liabilities}}$$

長期安定性 Long-term stability

$$\text{固定比率 Fixed ratio} = \frac{\text{② 固定資産 Fixed assets}}{\text{⑤ 株主資本 Shareholder equity}}$$

$$\text{固定長期適合率 Fixed long-term conformity rate} = \frac{\text{② 固定資産 Fixed assets}}{\text{⑤ 株主資本 Shareholder equity} + \text{④ 固定負債 Long-term debt}}$$

# BT 61 損益分岐点
Break-even point

売上高が総費用(固定費と変動費の合計)に等しくなり,
利益が出始めるか損失が発生する判断ができる点

F
財務・会計

　毎月発生する家賃や**人件費**（labor cost）などの**固定費**（fixed cost）が
ある状態で，商品を販売していく場合，**売上高**（sales）が少なければ，収
入のほとんどは，その固定費を回収するために費やされるため，「損」の
状態となります。売上高が伸びた場合，ある売上高で「損」と「益」の分
岐点に達します。これが，**損益分岐点**（break-even point）です。

　ここで，利益は右図を参照すると次式で求まります

$$利益 ＝ 売上高 － （固定費＋変動費）$$
$$＝ 売上高 － （固定費＋売上高 \times 変動費率^{(*1)}）$$

（＊1）変動費率（variable cost ratio）：商品の売上高（売価）に対する変動費の割合

　損益分岐点は利益が0になる点ですので，上式を0と置き，売上高で整
理すると，次の式を得ます。

$$売上高（損益分岐点） ＝ \frac{固定費}{1－変動費率}$$

【計算例】

固定費が毎月40万円かかっている状態で，単品の売価が5万円，変動費が3
万の商品を販売する際の損益分岐点は

　売上高（損益分岐点） ＝ 40 / (1−0.6^{(*2)}) ＝ 100〔万円〕

（＊2）変動費率＝3/5

となり，毎月この商品を20個販売し，100万円の売上高があれば収支が均衡
し，利益も損失もない状態になります。

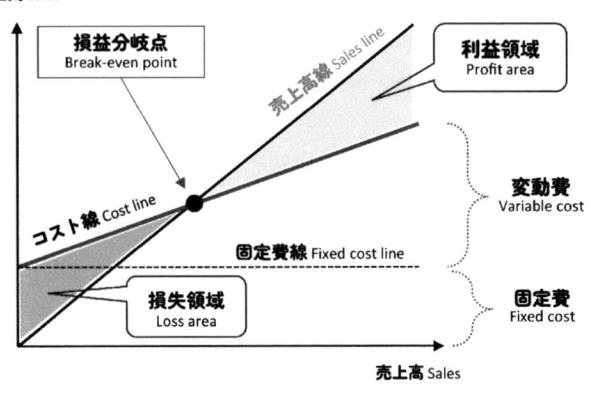

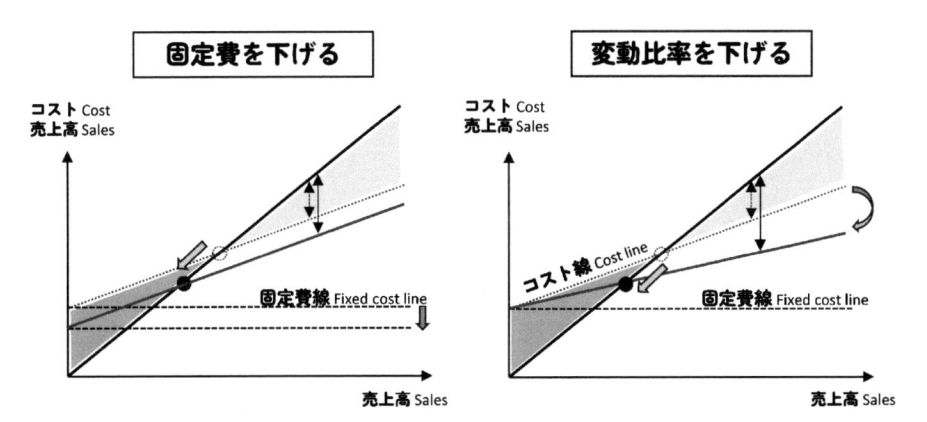

固定費を下げる

変動比率を下げる

**Point**

上図を参考にすると，収益性を上げていくことは損益分岐点を下げ，同じ売上高でもシェイド（薄）の部分の厚みを増していくことになります。その方法としては「変動比率を下げる」，「固定費を下げる」ことが考えられます。

企業が事業を運営するために借入れなどの外部資金を
どの程度利用しているかを示す指標

財務レバレッジ（financial leverage）は，総資産［D＋E］を株主資本
［E］で除した値で表せます。すなわち［D/E＋1］となります。ここで**負
債株主資本比率**［D/E］（debt to equity ratio）は企業の**総資本**［TC］（total
capital）において，**株主資本⑤**［E］（equity）に対しての**総負債③④**［D］
（debt）の割合，すなわち，株主資本に対してどれだけ借入れをして運営
しているかを表します。

企業が**株主**（shareholder）に提供する**利益**［R］（return；ここでは営業
利益⑧）の株主資本［E］に対する割合である**株主資本利益率**［ROE］
（return on equity）は［D/E］および総資本利益率（return on total
capital）［ROTC］を用いて次のように表せます（右の式展開参照）。

$$\text{ROE} = (\text{ROTC} - r)\ \frac{D}{E} + \text{ROTC} \qquad (r：利子率)$$

このようにROEがD/Eで表せることがわかります。一般に，財務レバ
レッジが高いということは，比較的少ない自己資本で多額の資金を調達し，
運用していることを意味するため，市場環境の影響を大きく受けることに
なります。

> **Point**
>
> 市場環境が悪化した場合，ROTCの値が下がり，さらに負債の
> 利払い r が固定されているため，（ROTC － r）が負の値となり，
> ［D/E］が大きければ大きいほどROEは下がります。そして，最
> 悪の場合は財務危機に陥ります。しかし，企業の利益が順調に出
> ているときは負債比率D/Eが**leverage**（てこ）として働き，大
> きな成長が期待できます。借入は状況によっては後ろ向きな行為
> ではなく，攻めの姿勢として捉えることもできます。

F

財務・会計

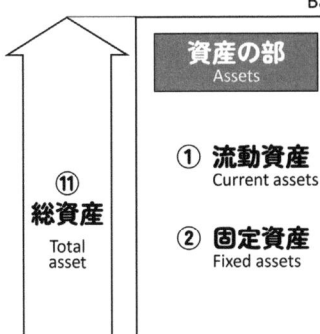

## バランスシート[(*)]
### Balance sheet

| 資産の部 Assets | 負債の部 Liabilities |
|---|---|
| ① 流動資産 Current assets | ③ 流動負債 Current liabilities |
| ② 固定資産 Fixed assets | ④ 固定負債 Long-term debt |
| | 純資産の部 Shareholder Equity |
| | ⑤ 株主資本 Shareholder equity |

⑪ 総資産 Total asset

## 損益計算書
### Income statement

⑥ 売上高 Revenue

⑦ 売上総利益 Gross profit

⑧ 営業利益 Operating profit

⑨ 経常利益 Ordinary profit

⑩ 当期純利益 Net profit

**BT 62**

（＊）負債の部には買掛金等を含まないケースを想定

$$\mathrm{ROTC} = \frac{R}{TC} = \frac{R}{D+E} \quad \Rightarrow \quad R = \mathrm{ROTC} \times (D+E)$$

$$\mathrm{ROE} = \frac{R - r\cdot D}{E} = \frac{\mathrm{ROTC} \times (D+E) - r\cdot D}{E}$$

$$= \frac{\mathrm{ROTC} \times D - r\cdot D + \mathrm{ROTC} \times E}{E}$$

$$= (\mathrm{ROTC} - r)\,\frac{D}{E} + \mathrm{ROTC}$$

# 株主資本コスト

Cost of equity

企業が株主からの期待に応えるために必要とされるリターンのことで，
企業が資本を調達する際に株主へ支払うコスト

　株主がその企業に投資する際に，その投資リスクを補償するために期待するリターンの率のことを**株主資本コスト**（cost of equity）と言います。配当や株価の上昇を通じて株主に提供される利益の割合として表現されます。

　一般には**期待収益率**（expected rate of return）を求める**キャピタル・アセット・プライシング・モデル**（CAPM：capital asset pricing model）が用いられます。CAPMでは期待収益率を右図に示すように，株主資本コストを**無リスク**（risk-free）利子率に**市場リスクプレミアム**（market risk premium）〔**市場ポートフォリオ**（market portfolio）の期待収益率と無リスク利子率の差〕を $\beta$ 係数で調整したものを加えて得られる値で計算します。

## Point

無リスク利子率とは，投資家がリスクをまったく負わずに得られると考えられる投資の収益率です。国債は，政府が発行する債券であり，安定した国の政府がデフォルトするリスクは非常に低いと考えられるため，一般には政府発行の長期国債の利回りが，無リスク利子率として使用されます。

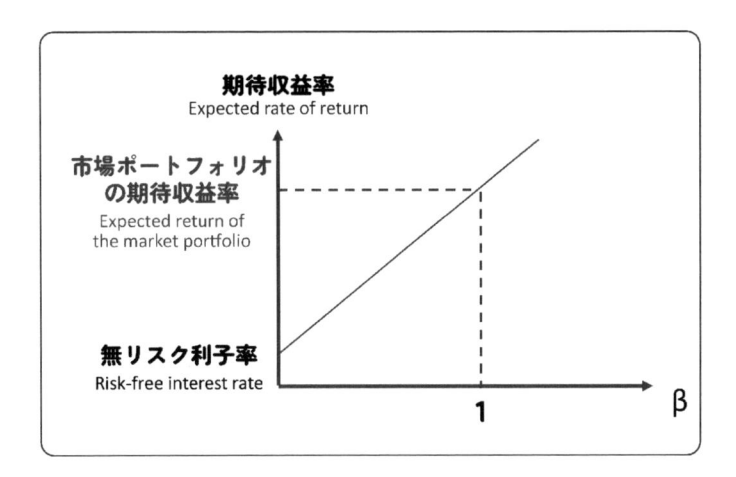

$$\underset{\substack{\text{期待}\\\text{収益率}\\\text{\scriptsize Expected rate}\\\text{\scriptsize of return}}}{} = \underset{\substack{\text{無リスク}\\\text{利子率}\\\text{\scriptsize Risk-free}\\\text{\scriptsize interest rate}}}{} + \beta \times \left(\underset{\substack{\text{市場ポートフォリオ}\\\text{の期待収益率}\\\text{\scriptsize Expected return of}\\\text{\scriptsize the market portfolio}}}{} - \underset{\substack{\text{無リスク}\\\text{利子率}\\\text{\scriptsize Risk-free}\\\text{\scriptsize interest rate}}}{}\right)$$

Market portfolio

BT
63

# 加重平均資本コスト
Weighted average cost of capital（WACC）

企業が資本（借入資本と株主資本）を調達する際の平均コスト

企業は一般に**借入**（debt）資本と株主資本という異なる2つの資本源から資金を調達します。それぞれの資本源には異なるコストがかかります。負債の場合は**利息**（interest）の支払い，株主の場合は株主への株主**還元**（return）です。

**加重平均資本コスト**（WACC：Weighted Average Cost of Capital）は2つの異なるコストを，それぞれの資本が総資本に占める割合で加重平均したもので，次式で計算されます。

$$\text{WACC} = \frac{D}{D+E}(1-t)R_D + \frac{E}{D+E}R_E$$

| | |
|---|---|
| D：負債額 | E：株式時価総額 |
| $R_D$：負債の資本コスト | $R_E$：株式の資本コスト |
| t：法人税率 | |

なお，企業の利息支払いは**税控除**（tax-deductible）の対象となるため，その分を負債コストから差し引きます。

## Point

金融機関から融資された資金に対しては期日がくれば利息を付けて返済することは当然のことと思われています。一方，資本家から調達する資本は対価として株式を発行し譲渡するため，株主へのリターンは利益が出たら支払えば良いと考えがちですが，これは倫理上不適切な考え方です。投資家はリスクをとって出資しているのですから，それに見合ったリターンを提供することは経営者の当然の義務と考えます。

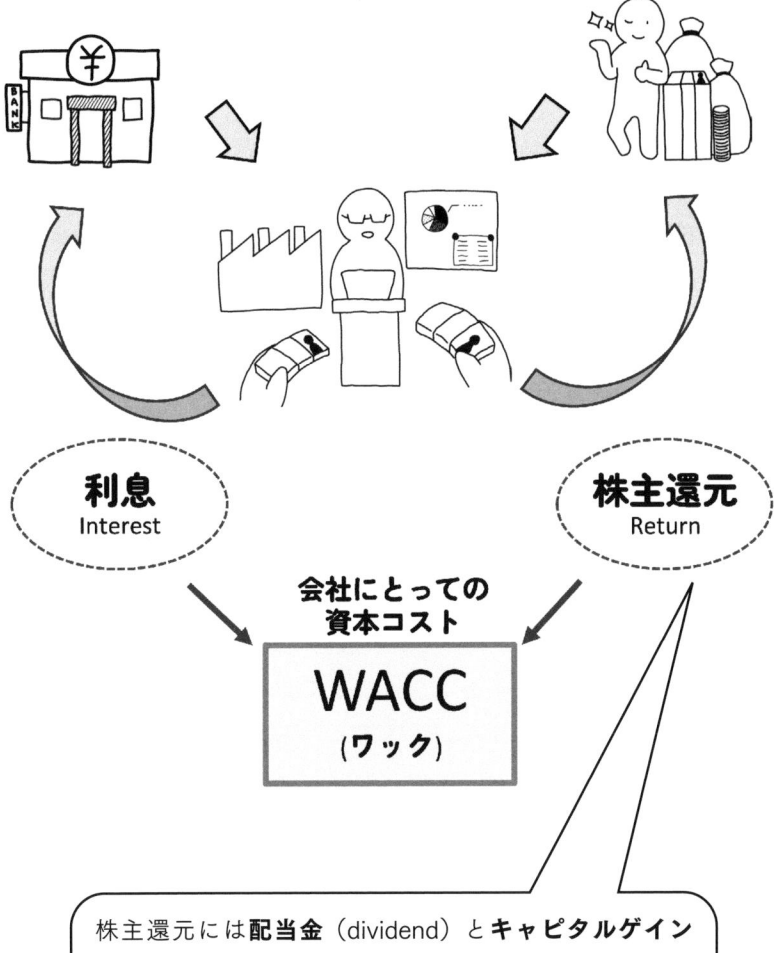

**利息**
Interest

**株主還元**
Return

会社にとっての
資本コスト

WACC
（ワック）

株主還元には**配当金**（dividend）と**キャピタルゲイン**（capital gain）があります。配当金は企業が利益の一部を株主に分配するもので，通常は定期的に支払われます。一方，キャピタルゲインは株式を保有している期間中に株価が上昇し，売却した際に得る利益のことです。

# 内部収益率
## Internal rate of return

投資案件の利益率を測る財務指標(IRR)

内部収益率（Internal Rate of Return）は投資の**純現在価値**（NPV：Net Present Value）がゼロになる割引率IRRとして定義され，例えば5年間のケース（右図）では，次の式から求めることができます。これは投資の平均年間収益率を求めることに相当します。

$$CF_1/(1+IRR)+CF_2/(1+IRR)^2+CF_3/(1+IRR)^3+$$
$$CF_4/(1+IRR)^4+CF_5/(1+IRR)^5-初期投資=0$$

CFn: n年目のキャッシュフロー, IRR：内部収益率

これは**非線形**（nonlinear）方程式であり，**試行錯誤**（trial and error）しながらIRRの解を探索します。現在では計算ソフトが入手可能であるため，それらを使うことで求めることができます。なお，IRRの計算では「貨幣価値が一定である」と仮定することが一般的であり，これによりIRRが「収益率」として明確に解釈できるようになります。

## Point

IRRはNPVがゼロとなる割引率であり，投資案件の期待収益率を示す指標です。しかし，IRRの値だけで投資判断を行うことはできません。BT66で述べるハードルレートの概念を用いることになります。

**投資**
Investment

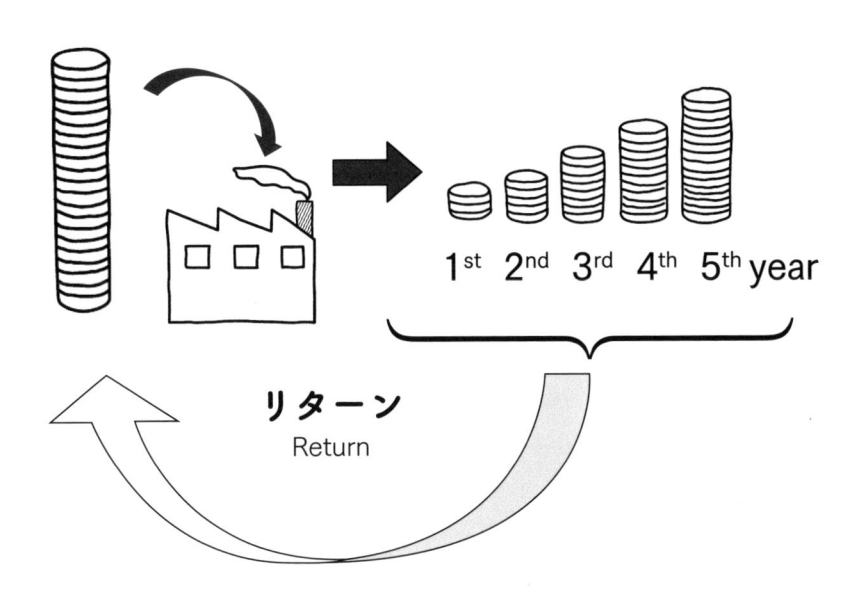

1st 2nd 3rd 4th 5th year

**リターン**
Return

BT
**65**

## BT 66 ハードルレート
Hurdle rate

投資プロジェクトに要求される最低限の収益率

企業が投資案件を評価する際に，その案件の**期待収益率**（expected rate of return）は資本の調達にかかるコスト，すなわち**加重平均資本コスト**（WACC：Weighted Average Cost of Capital）より大きい必要があります。もし，小さければ債権者と株主への資本コストのカバーをすることができなくなります。

そのためこのWACCの値が投資の際に超えなければならない**ハードルレート**（hurdle rate）として設定されます。

### Point

借入資本コストは契約に基づくものであり，当然支払う義務がありますが，株主資本コストの還元は法的義務ではありません。しかし，企業が株主に適切なリターンを提供しない場合，その企業の株式は魅力を失い，資金調達のコストが高くなる可能性があります。また，経営の倫理として，投資家に適切なリターンを提供するのは当然であると考える必要があります。その考え方からWACC を用いハードルレートを設定します。

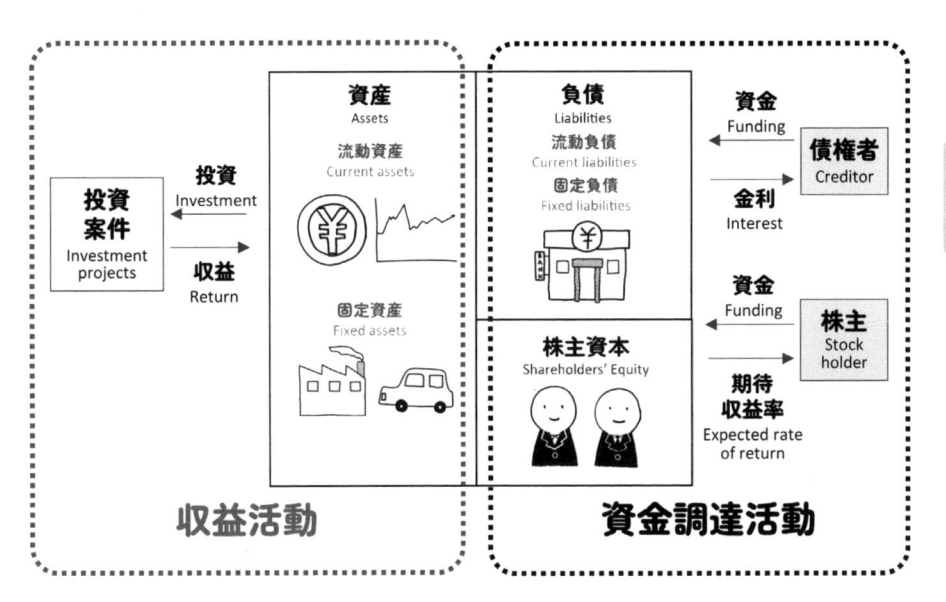

収益活動 / 資金調達活動

# G

データ解析

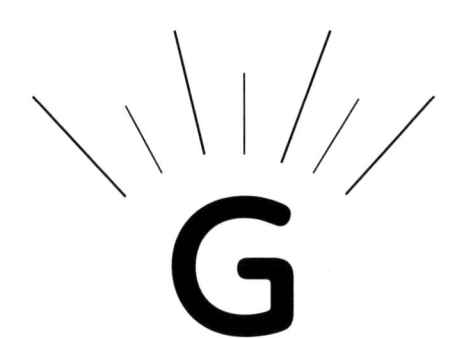

## 統計学
Statistics

統計学の2つのアプローチ，記述統計と推測統計

統計学には以下の2つのアプローチがあります。

### ① 記述統計 （Descriptive statistics）

得られたデータセットを簡単に理解できるように整理し，要約することです。例えば，得られたデータセットを後述の**平均値**（mean），**標準偏差**（standard deviation）などで表したり，売り上げデータから，販売現場でどのような傾向があるのか把握したりします。

### ② 推測統計 （Inferential statistics）

調査対象となる全個体または要素の集合を**母集団**（population）と呼びます。通常，母集団全体を調査することは非現実的です。そのため**サンプル**（sample）を用いて母集団の平均値である**母平均**（population mean）や，その分散である**母分散**（population variance）の推論や決定を行います。例えば，異なる商品の売り上げに差があるのかなどの検定が考えられます。

このほか，数値データ間の関係を分析し，データの背後の構造を統計的に導き出す手法に**多変量解析**（multivariate analysis）があります。

> **Point**
>
> ビジネスでデータ解析や統計学を活用すると，企業の戦略づくりや意思決定の質向上，マーケティングや商品企画領域での顧客の購買傾向や市場動向の予測，財務・会計の分野でのリスクの適切な評価などが可能となり，企業の競争力アップが期待できます。

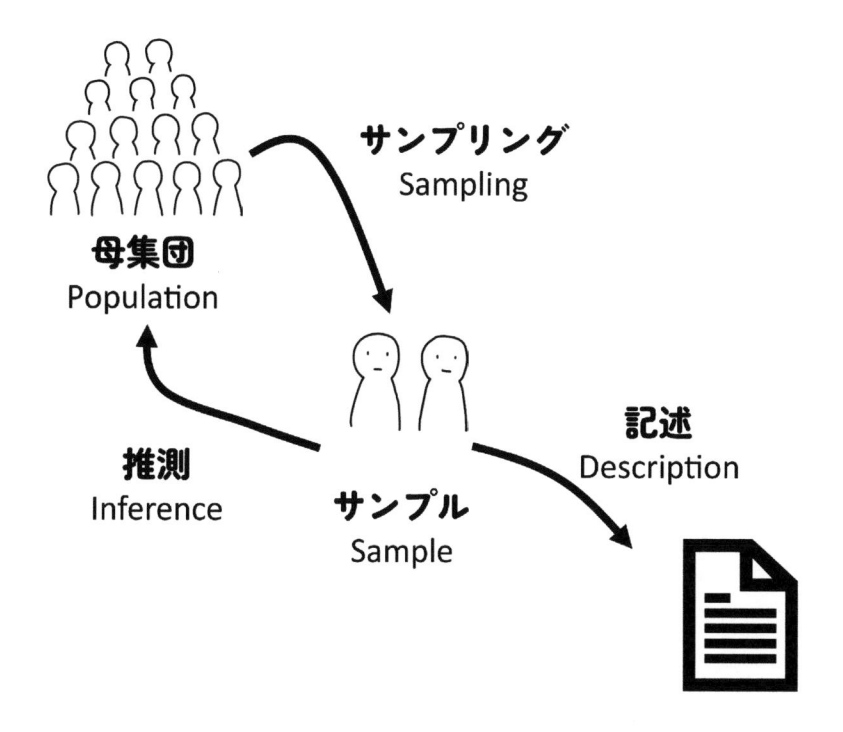

**サンプリング**
Sampling

**母集団**
Population

**推測**
Inference

**サンプル**
Sample

**記述**
Description

得られたデータの特徴を簡潔に表現し,
データ全体の傾向や特性を把握するために用いる数値指標

2つのデータを比較して特徴を検討する場合には, まず**平均値**(mean)を比較することが一般的です。これはデータセットの数値の合計をその個数で割ったもので, **算術平均**(arithmetic mean)とも呼ばれています。

また, データを小さい順に並べた際に, 真ん中に位置する値である**中央値**(median)やデータ内で最も頻繁に出現する値である**最頻値**(mode)も, データの特徴を把握する際に役立ちます。

なお, 日常会話で使われる「平均」という用語は, 通常, 算術平均を指します。

**G**

データ解析

### Point

右図はある商品の一日の売上実績(度数分布)を示しています。平均個数は6個であり, 中央値は5個, 最頻値は4個です。平均値が見かけより高いのは, 特に多くの個数が売れた日が全体の平均を引き上げているためです。

このような現象は, 国民の年収調査結果でも見られ, 平均値が実際の国民の感覚よりも高くなることがあります。

なお, "mode" という言葉は, ラテン語の "modus" に由来しており, 「基準」や「主流」という意味があります。ファッションでは, 最新の流行やトレンドを "mode" と呼びますが, これは同じ語源に基づいています。

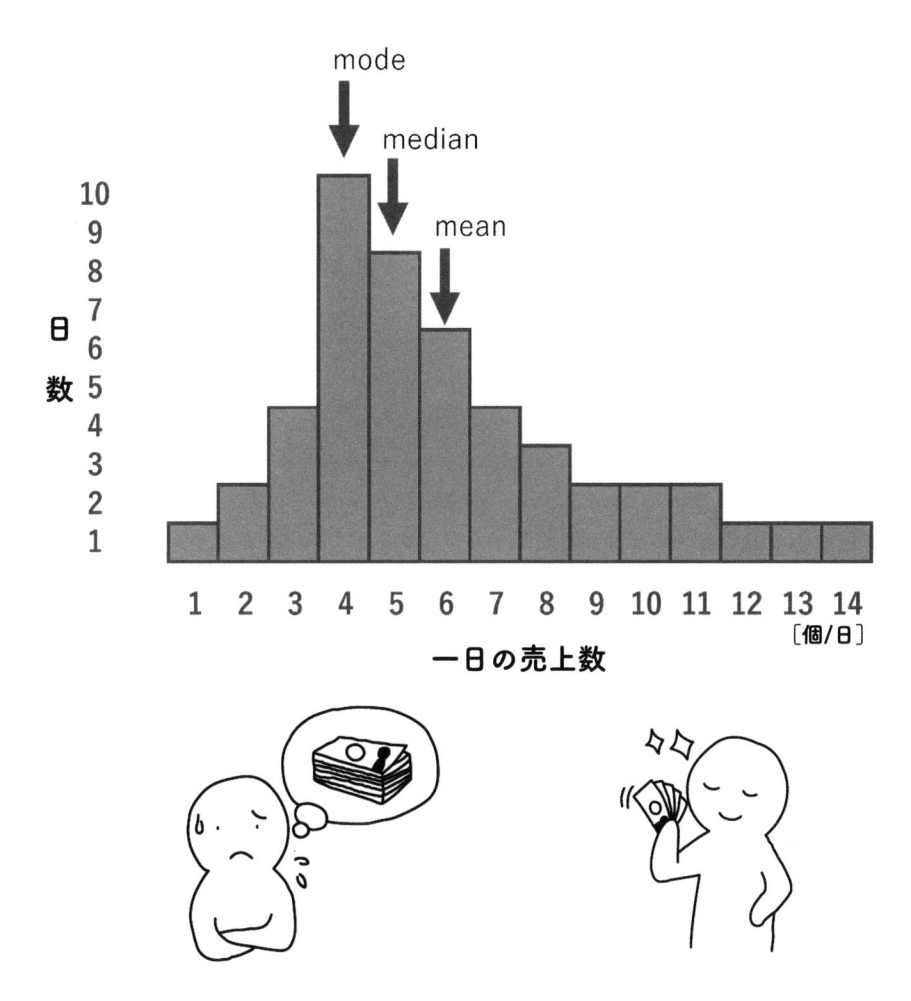

# 正規分布
## Normal distribution

自然界や社会科学の場面などで見られる現象がどのような頻度で起るかを表した確率分布

正規分布（normal distribution）はベルを横から見た形状のように，平均値を中心に左右対称な曲線を描きます。

平均値（mean）と標準偏差（standard deviation）$\sigma$ の2つのパラメータのみで完全に表すことができます。

元のデータの分布が正規分布でなくても，そのデータのサンプルの平均値を多く入手すると，その平均値の分布は正規分布の形になります。これは平均値の分布が予測可能であることを意味し**母集団**（population）の平均値を特定できることになります。この法則を**中心極限定理**（central limit theorem）と呼びます。

## Point

データが正規分布に従うと仮定すると，平均値から ± 1 $\sigma$ の範囲内に68.3％のデータが，± 2 $\sigma$ に95.4％のデータが，そして± 3 $\sigma$ には99.7％のデータが含まれることが数学的にわかっています。測定されたデータから標準偏差を求めればそれらの範囲が決まるので，それぞれのおよそのカバー率を検討するのに利用可能です。

## 測定における誤差
Error in measurements

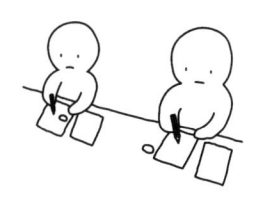

## 標準化されたテスト結果
Standardized test results

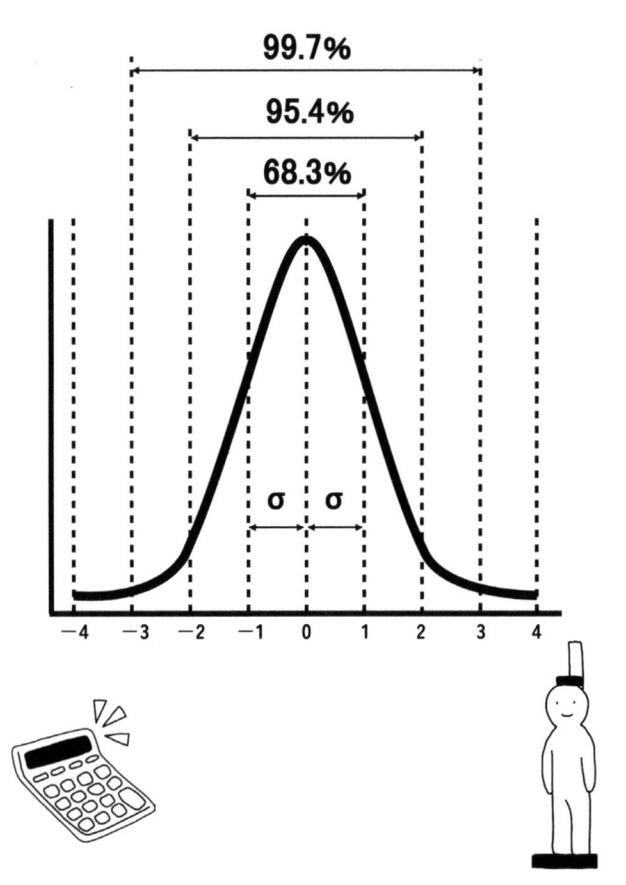

## 国民の所得分布
Income distribution of the citizens

## ある集団の身長の分布
Distribution of heights
in a population

# バラツキ
Variability

バラツキには，偶然原因による避けられないバラツキと，
異常原因による見逃せないバラツキの二種類がある

データがばらついている場合，それが避けることのできない**偶然原因**（random cause）によるバラツキの場合と，何らかの異常で原因究明や処置・改善が必要な**異常原因**（abnormal cause）によるバラツキの場合があります。前者は異常ではないが，後者は見逃すべきでないバラツキです。

バラツキの概念は，データにどの程度一貫性があるか，または予測可能かを理解するのに役立ちます。例えば，販売店であれば商品，製造業者であれば部品の**納入**（delivery）時の**欠品**（missing part）数，売上予測などさまざまな場面で役立ちます。

G
データ解析

## Point

一般に，ある値を<u>狙い値</u>（target value）に留まるようにコントロールする場合，それらの平均値を狙い値に近づけていくことは比較的容易ですが，<u>バラツキ</u>（variability）を抑えることは難しいと言われています。

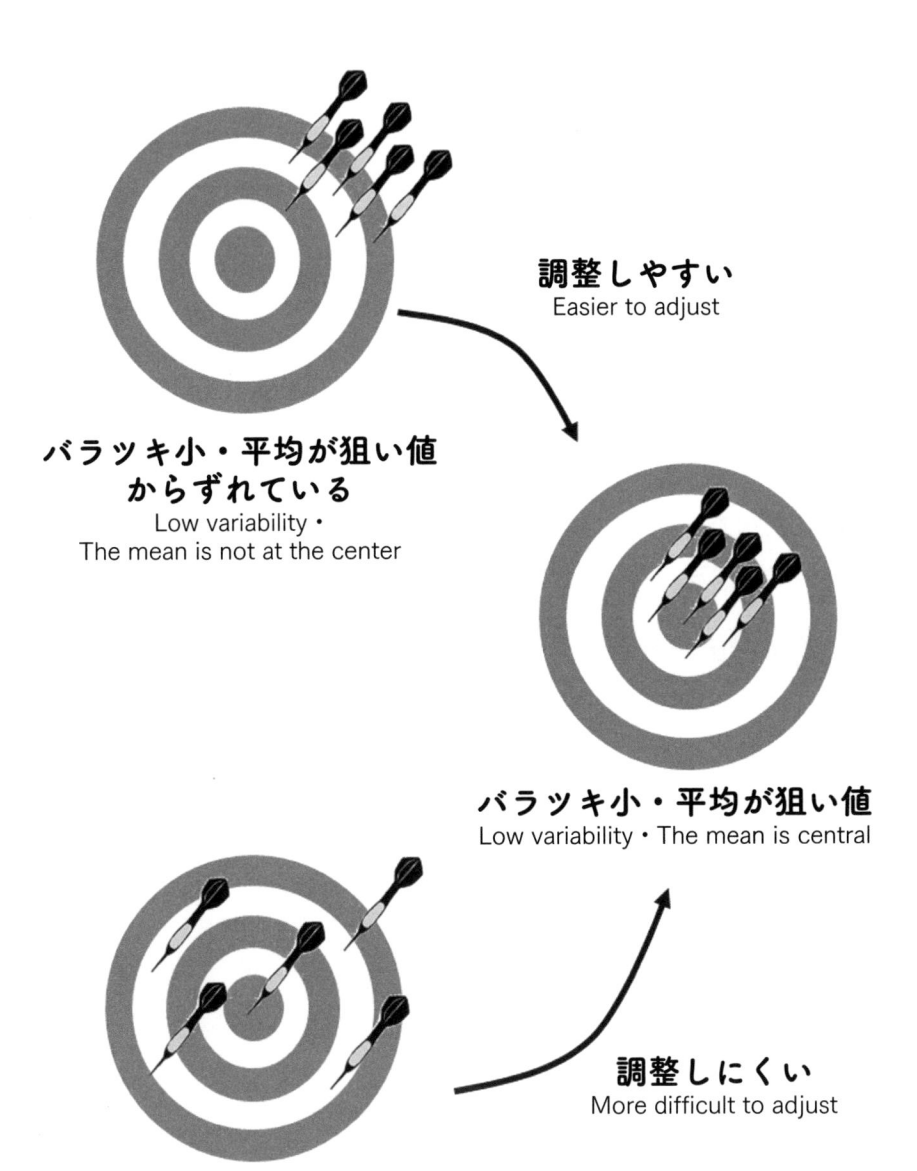

調整しやすい
Easier to adjust

バラツキ小・平均が狙い値
からずれている
Low variability・
The mean is not at the center

バラツキ小・平均が狙い値
Low variability・The mean is central

調整しにくい
More difficult to adjust

バラツキ大・平均が狙い値
High variability・The mean is central

# 分散と標準偏差

Variance and standard deviation

データのバラツキの度合いを数値化したもの。
分散はバラツキの平方の平均, 標準偏差は分散の平方根

データの**バラツキ**（variability）そのものがデータの持つ情報であると言われます。統計の世界ではこれをデータがその平均値からどれだけ散らばっているかを示す値で表します。各データの値とそれらの平均値との**偏差**（deviation）を二乗したものの合計を**平方和**（sum of squares）と呼び, バラツキはその平均である**分散**（variance）で表します。

右の図ではともに平均値は5.6ですが, バラツキの度合いである分散は0.91と3.17で大きく違います。さらに, 次元をそろえた標準偏差を比較すると0.95と1.78であり, 約2倍の違いがあることがわかります。

## Point 💡

分散はデータのバラツキを理解するのに有用ですが, 単位が元データと異なるため, 実際にはその平方根をとった**標準偏差**（standard deviation）が用いられます。これであれば直感的に理解しやすくなります。

### 平均：5.6
Average

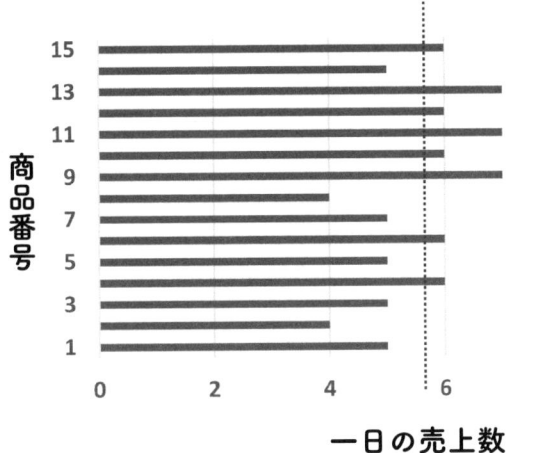

平方和：13.6
sum of squares

分散：0.91
variance

標準偏差：0.95
standard deviation

### 平均：5.6
Average

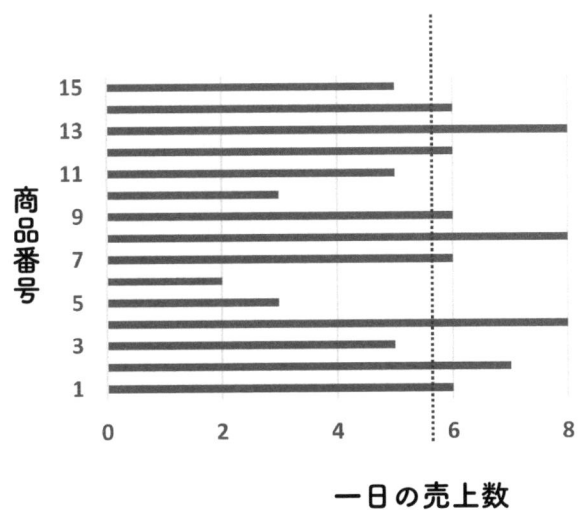

平方和：47.6
sum of squares

分散：3.17
variance

標準偏差：1.78
standard deviation

# 確率分布
Probability distribution

確率変数が取り得る値と，その値を取る確率の関係を対応させた関数

あるランダムな活動から得られた数値を**確率変数**（Random variable）と呼びます。確率分布はこの確率変数が取り得る値と，それらの値が発生する確率との関係を記述するものです。確率分布には次の二種類があります。

① **離散確率分布**（discrete probability distribution）
　これは離散的な値，つまり数えられる値を取る確率変数に対する分布です。例えば，期間内の販売個数分布などがあります。

② **連続確率分布**（continuous probability distribution）
　これは連続的な値，つまり測定可能な範囲の値を取る確率変数の分布です。例えば，製品の寿命などがあります。

## Point 確率分布の例

**二項分布**（Binomial distribution）：異なる特定の試行（行動や操作）が互いに，また前後で影響を与えない状況で，表/裏，成功/失敗などのいずれか1つが発生する確率分布
**ポアソン分布**（Poisson distribution）：一定の時間や領域内で，ある事象の平均発生回数が与えられたときのその事象の発生確率分布
**正規分布**（Normal distribution）：多くの自然現象や社会現象において観測されるデータの分布としてよく使用される確率分布

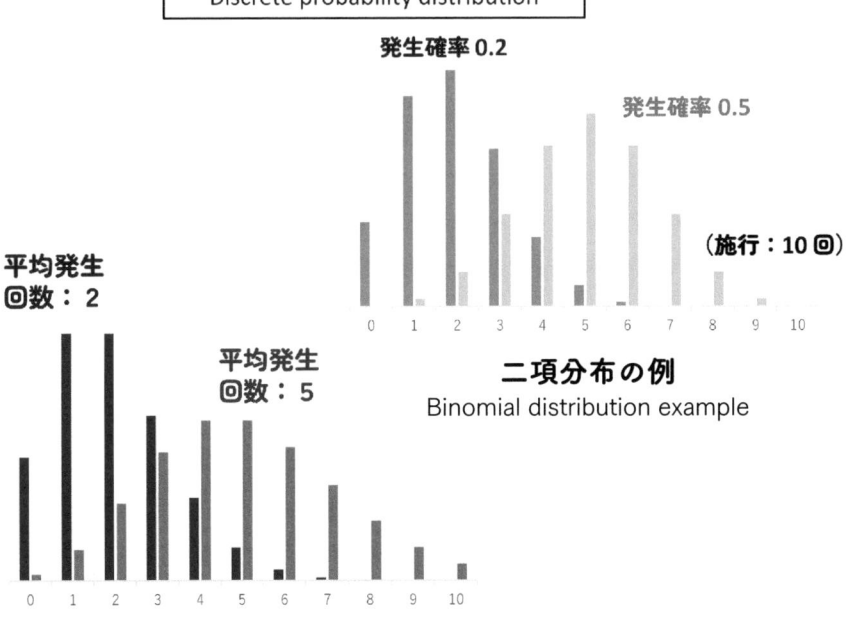

**離散確率分布**
Discrete probability distribution

発生確率 0.2

発生確率 0.5

（施行：10 回）

**二項分布の例**
Binomial distribution example

平均発生
回数：2

平均発生
回数：5

BT
**72**

**ポアソン分布の例**
Poisson distribution example

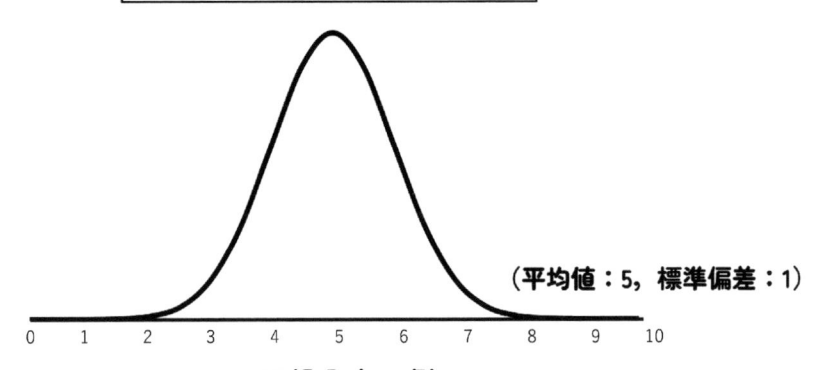

**連続確率分布**
Continuous probability distribution

（平均値：5，標準偏差：1）

**正規分布の例**
Normal distribution example

# BT 73 二項分布とポアソン分布

Binomial distribution and Poisson distribution

二項分布は特定の成功確率で試行を繰り返したときに, 成功する回数を表す分布。試行回数が非常に多く, 成功確率が非常に小さい場合, 二項分布はポアソン分布に近づいていく

　二項分布（binomial distribution）は, 一定の回数の試行で, 各試行が裏または表, 成功または失敗といった2つのどちらかの結果を持つ場合に用いられる確率分布で, **ポアソン分布**（Poisson distribution）は一定の時間や空間内でまれに発生するイベントの回数を統計的にモデル化するために用いられる確率分布でした〈BT72〉。

　これら2つの確率分布は一見関係なさそうですが, 成功か失敗かのどちらかが起きる二項分布において, ある一定期間の成功数のみを数えることにした場合, 一定時間で発生するイベント（成功）の回数を数えるポアソン分布と同じ概念になることがわかります。このことは数学的に証明されており, サンプル数が非常に大きく, 成功確率が非常に小さい場合, 二項分布の［試行回数×成功確率］の平均値はポアソン分布の平均値で近似できます。

## Point

二項分布の計算において試行回数が非常に大きい場合などで計算が困難になる場合は, 代替としてポアソン分布が利用でき, 計算が簡素化されるため, さまざまな現象をモデル化する際の柔軟性を提供します。

## 二項分布における成功確率 P

Success probability P in a binomial distribution

$$P(X=k) = \frac{n!}{k!(n-k)!} \, p^k \cdot (1-p)^{n-k}$$

**P(X=k)：n 回試行して k 回成功する確率**
**p：1 回の施行で成功する確率**

**試行回数が非常に大きく**
Number of trials is very large

**成功確率が非常に小さい**
Probability of success is very small

## ポアソン分布におけるイベント発生確率 P

Event occurrence probability P in a Poisson distribution

$$P(X=k) = \frac{e^{-\lambda} \cdot \lambda^k}{k!}$$

**P(X=k)：イベント（成功）が k 回発生する確率**
**λ：一定の期間内で期待されるイベント**
　　**（成功）の平均発生回数**
**e：自然対数の底でおよそ 2.718**

# t分布
## t distribution

標本サイズが小さい場合に，母集団の平均値を推定する際に使用される確率分布

　統計学で用いられる確率分布の一種にt分布があります。この分布は特に標本サイズが小さい場合（通常30未満）に母集団の平均値を推定する際に使用されます。スチューデントのt分布とも呼ばれます。

　t分布は，**正規分布**（normal distribution）に似ていますが，すそに広がりがあります。これはサンプルサイズが小さい場合に推定の不確実性要素が大きくなることを示しています。データの**自由度**（degrees of freedom）が大きくなると，t分布は正規分布に近づいていきます。

### Point ✌

母集団の平均の推定の際，サンプル数が多いときには**中心極限定理**（central limit theorem）より，正規分布が用いられますが，サンプルのデータ数が少なく，自由度が小さい場合はt分布を用います。

ここで，自由度とは得られたデータを用い統計量を計算をする場合にその計算式の中で自由に動けるデータの個数のことです。データがn個あっても，その式の中に平均値を固定するような制約条件があればその数だけ減少します。

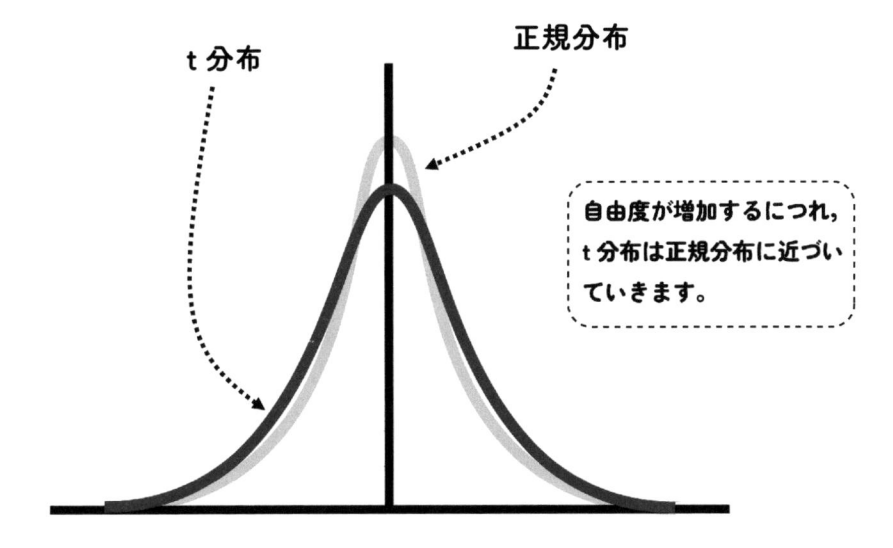

t 分布

正規分布

自由度が増加するにつれ，t 分布は正規分布に近づいていきます。

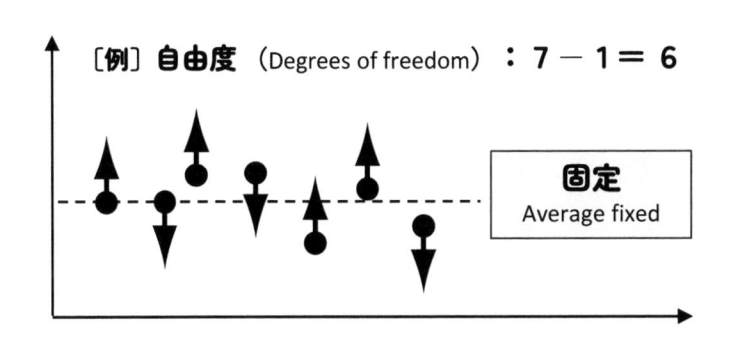

［例］ 自由度 (Degrees of freedom)：7 − 1 = 6

固定
Average fixed

# 独立 t 検定

Independent t-test

2つの異なるデータセットA, B間でそれぞれの母集団の母平均に差があるのかどうかを判断する方法

2つのデータの母集団は正規分布に従い, かつそれぞれの分散は同じであると前提を置きます。そのうえで「2つの独立したデータの母平均に差はない」という仮説を立てます。これは, 母平均に差があるということを言うために**棄却**（reject）したい仮説なので**帰無仮説**（null hypothesis）と呼ばれます。一方, 帰無仮説に対して立証したい仮説を**対立仮説**（alternative hypothesis）と言います。ここでは

帰無仮説：母平均$_A$ ＝ 母平均$_B$

対立仮説：母平均$_A$ ≠ 母平均$_B$

とします。2つのデータの平均値の差に基づいてt統計量を計算し, t分布を用いてこの確率変数がどの程度の確率で起り得るのかという計算をします。この確率を**p値**（p-value）と呼びます。

p値はt統計量と自由度で求めることができます。一般にはMicrosoft社のEXCELの関数などを用いて計算します。ここでは, 商品Aと商品Bで母平均が等しいかどうかを検討するのが目的であるため, 両側t検定のp値を計算します。

p値が事前に設定された有意水準（通常は0.05や0.01など）より小さい場合, 帰無仮説を棄却します。そうでない場合は, 帰無仮説を棄却するには十分な証拠がないと判断します。ただし, 帰無仮説が証明されたと結論付けることはできないため, 注意が必要です。

| 帰無仮説<br>Null hypothesis |  | 対立仮説<br>Alternative hypothesis |
| --- | --- | --- |

**t 統計量**

$$t_0 = \frac{\overline{X}_A - \overline{X}_B}{\sqrt{\left(\frac{1}{n_A} + \frac{1}{n_B}\right)V}} \qquad V = \frac{S_A + S_B}{n_A + n_B - 2}$$

**p 値を求める EXCEL の関数 t 統計量**

$$=> P = T.DIST.2T\ (t_0,\ n_A + n_B - 2)$$

$\overline{X}_A,\ \overline{X}_B$ ：データセット A, B の平均値
mean value of data sets A, B, respectively

$S_A,\ S_B$ ：データセット A, B の平方和
sum of squares of data sets A, B, respectively

$n_A,\ n_B$ ：データセット A, B のデータ数
the number of data sets A, B, respectively

**Point**

異なる 2 標本の違いを論じる検定は<u>独立 t 検定</u>（independent t-test）と呼ばれています。一方，同じサンプルがある処理の前後で有意な差が生ずるか否かを判断する検定は対応ありの<u>t 検定</u>（paired t-test）と呼ばれています。

> 分散分析は，3つ以上のグループ間で平均値が統計的に有意に異なるかどうかを評価するための統計手法。1つの要因（独立変数）に基づく分析が一元配置の分散分析

分散分析は，科学研究，マーケティング分析，製品開発，品質管理など，さまざまな分野で使用されています。特に複数の条件やカテゴリーにわたる効果を統計的に検証する際に用いられます。

例えば下図のようにA1，A2，A3といった異なる条件である特性値のデータが観測されたとします。分散分析を行うことで，これらの条件設定で，**応答変数**（response variable）に有意な違いが出るのかを判断します。そのためには右図のようにすべての各データの**偏差**（deviation）の平方和が要因Aによる**平方和**（sum of squares）と誤差平方和に分けられることを利用します。これらの値を**自由度**（degrees of freedom）で割ることで，各要因に対応する平均平方が求められます。さらに，母集団が正規分布に従うという仮定のもとでは，これらの平均平方の比はF分布に従うため，F検定を用いることで要因Aの影響が統計的に有意かどうかを判断できます。

右の例では自由度（2，7）のF分布（Excelコマンド：F.DIST.RT（0.8484，2，7））から要因AのP値が46.8％（＞5％）と求まります。このF検定より，要因Aは有意であるとは言えないことがわかります。

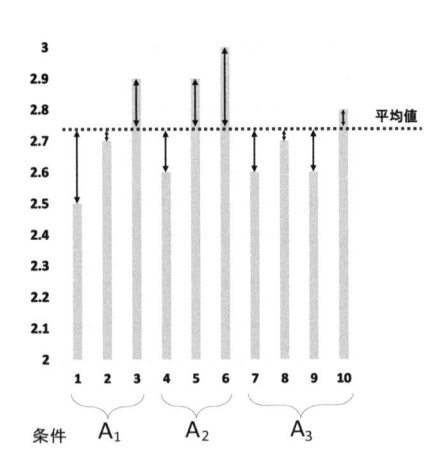

G
データ解析

## 平方和の構成

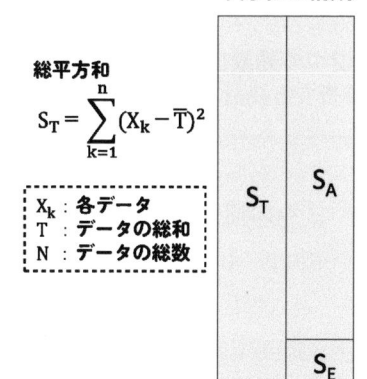

**総平方和**

$$S_T = \sum_{k=1}^{n} (X_k - \overline{T})^2$$

$X_k$：各データ
$T$：データの総和
$N$：データの総数

**要因総平方和**

$$S_A = \sum_{i=1}^{a} n_i (\overline{X}_{Ai} - \overline{T})^2$$

**誤差平方和**

$$S_E = S_T - S_A$$

$X_{Ai}$：Ai水準のデータ
$n_i$：Ai水準のデータ数
$A$：因子Aの水準数

**分散分析表**

| 要因 | 平方和 S | 自由度 Φ (*) | 平均平方 V | $F_0$値 | P値 |
|---|---|---|---|---|---|
| Total T | $S_T$ | $\Phi_T = n - 1$ | | | |
| Factor A | $S_A$ | $\Phi_A = a - 1$ | $V_A = S_A / \Phi_A$ | $V_A / V_E$ | $P_A$ |
| Error E | $S_E$ | $\Phi_E = \Phi_T - \Phi_A$ | $V_E = S_E / \Phi_E$ | | |

| 要因 | 平方和 S | 自由度 Φ (*) | 平均平方 V | $F_0$値 | P値 |
|---|---|---|---|---|---|
| Total T | 0.241 | 9 (=10 − 1) | | | |
| Factor A | 0.047 | 2 (=3 − 1) | 0.0235 | 0.8484 | 46.8% |
| Error E | 0.194 | 7 (=9 − 2) | 0.0277 | | |

（＊） データの数から使用した平均値の数を差し引いた値であり、一般にa水準の因子の自由度はa-1となる。

**BT 76**

## Point

ANOVA（分散分析）とt検定は，似ているものの異なる目的で使用される統計的手法です。分散分析は3つ以上のグループ間での平均値の違いを調べるために使われます。一方，t検定は主に2つのグループ間で平均値に差があるかを調べる際に用いられます。また，t検定には片側検定という方法があり，特定の方向（大きいか小さいか）の変化を検証することができます。分散分析は通常，どのグループも他のグループと異なるかを全体的に検証しますが，どのグループ間で具体的な違いがあるかや，方向性は示しません。ただし，必要に応じて事後検定を行えば，詳細な違いを明らかにすることもできます。

# 二元配置の分散分析

Two-way analysis of variance（ANOVA）

一元配置の分散分析を発展させ，2つの独立因子が
応答変数に与える影響を同時に分析する統計的手法

一元配置の分散分析を発展させ，2つの要因の**主効果**（main effect）と
それらの**相互作用効果**（interaction effect）も検討することができます。

主効果：各独立因子が**応答変数**（response variable）に与える個別の影響
相互作用効果：一方の**独立因子**（independent factor）のレベルが変化す
　　　　　　　ることで，他方の因子の影響がどのように変化するか

これにより，2つの変数が単独ではなく，組み合わせによって応答変数
に与える影響を評価できます。一元配置の分散分析と同様に右図のように
すべてのデータの偏差の平方和を，要因A，Bによる**要因平方和**（sum of
squares due to factor）と**誤差平方和**（residual sum of squares）に分ける
ことができます。

### Point

二元配置の分散分析は，2つの異なる因子（例えば，工場の場所
と季節）が製品の品質などの結果にどう影響を与えるかを同時に
調べるための統計手法です。この分析を使うことで，それぞれの
要因が独立して結果にどのように作用するか（主効果），そして
2つの要因が同時に結果にどのように作用するか（相互作用効果）
を理解することができます。この考え方は，さらに発展させるこ
とが可能で，3つ以上の要因による結果への影響を調べることも
できます。これは**多元配置の分散分析**（MANOVA：multivariate
analysis of variance）と呼ばれています。

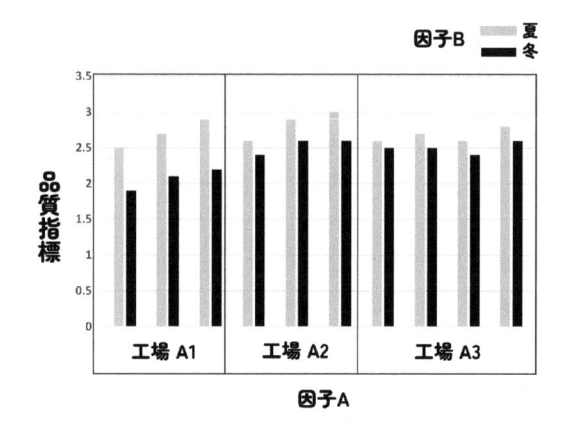

**平方和の構成**

**総平方和**
$$S_T = \sum_{k=1}^{n} (X_k - \overline{T})^2$$

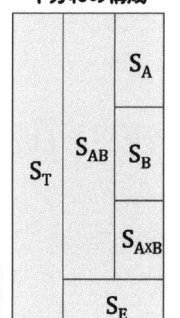

(1) Xij：Ai Bj水準のデータ
(2) nij：Ai Bj水準のデータ数
(3) a, b：因子A, Bの水準数

**要因平方和**
$$S_A = \sum_{i=1}^{a} \left( \sum_{j=1}^{b} n_{ij} \right) \left( \overline{X_{ij}} - \overline{T} \right)^2$$

$$S_B = \sum_{j=1}^{b} \left( \sum_{i=1a}^{a} n_{ij} \right) \left( \overline{X_{ij}} - \overline{T} \right)^2$$

$$S_{AB} = \sum_{i=1}^{a} \sum_{j=1}^{b} n_{ij} \left( \overline{X_{ij}} - \overline{T} \right)^2$$

$$S_{A \times B} = S_{AB} - S_A - S_B$$

**誤差平方和**
$$S_E = S_T - (S_A + S_B + S_{A \times B})$$

## 分散分析表

| 要因 | 平方和S | 自由度Φ[*1] | 平均平方V | $F_0$値 | P値 |
|---|---|---|---|---|---|
| Total T | $S_T$ | $\Phi_T = n - 1$ | | | |
| Factor A | $S_A$ | $\Phi_A = a - 1$ | $V_A = S_A / \Phi_A$ | $V_A / V_E$ | $P_A$ |
| Factor B | $S_B$ | $\Phi_B = b - 1$ | $V_A = S_B / \Phi_B$ | $V_B / V_E$ | $P_B$ |
| Factor A×B | $S_{A \times B}$ | $\Phi_{A \times B} = \Phi_A \times \Phi_B$ | | | |
| Error E | $S_E$ | $\Phi_E = \Phi_T - (\Phi_A + \Phi_B + \Phi_{A \times B})$ [*2] | $V_E = S_E / \Phi_E$ | | |

| 要因 | 平方和S | 自由度φ[*] | 平均平方V | $F_0$値 | P値 |
|---|---|---|---|---|---|
| Total T | 1.370 | 19（＝20−1） | | | |
| Factor A | 0.284 | 2（＝3−1） | 0.142（＝0.284/2） | 6.76 | 0.9% |
| Factor B | 0.612 | 1（＝2−1） | 0.612（＝0.612/1） | 29.14 | 0.0% |
| Factor A×B | 0.186 | 2＝2x1 | 0.093（＝0.186/2） | 4.43 | 3.2% |
| Error E | 0.288 | 14＝19−(2+1+2) | 0.021（＝0.288/14） | | |

⇒F検定より，この要因A, Bは1％有意，交互作用ABは5％有意であると言える

# 単回帰分析
Regression analysis

2つの変数間に何らかの関係があると判断した場合に，片方の変数の変化がもう一方の変数にどのように影響を与えるかを予測する統計的手法

　2つの変数の**散布図**（scatter diagram）〈BT90〉を描いて，それらの変数間に何らかの関係があると判断した場合に，片方の独立変数ともう片方の従属変数の間に直線的な関係が存在すると仮定し，その散布図に一番当てはまりの良い**回帰直線**（regression line）をデータに基づいて求めます。

　数式を求めるには次の式を仮定し，未知数であるa，bを観測値（プロット）と予測値（線上の値）の差の2乗和を最小にする**最小二乗法**（least squares method）を用いて求めます。

G
データ解析

$$Y = a \cdot X + b$$

$$\left( \quad a = \frac{\displaystyle\sum_{i=1}^{n}(x_i - \bar{x})(y_i - \bar{y})}{\displaystyle\sum_{i=1}^{n}(x_i - \bar{x})^2} \qquad b = -a \cdot \bar{x} + \bar{y} \\ \qquad\qquad\qquad\qquad (\bar{x},\ \bar{y}\text{は平均値}) \quad \right)$$

　このa, bの計算はExcelの「データ分析」の中の「回帰分析」ツールを使用することで求めることができます。

## Point

この方法は二変数間の直線的な関係にのみ適用可能であり，より複雑な関係を分析し，モデル化するためには他の関数を用いて近似していく方法が用いられます。

# 単回帰分析の例

|  | X | Y |
|---|---|---|
| | 1.2 | 1.9 |
| | 1.8 | 2.2 |
| | 2.1 | 3.9 |
| 観測値 | 2.8 | 3.5 |
| | 3.2 | 3.9 |
| | 3.9 | 4.1 |
| | 4.1 | 4.8 |

散布図

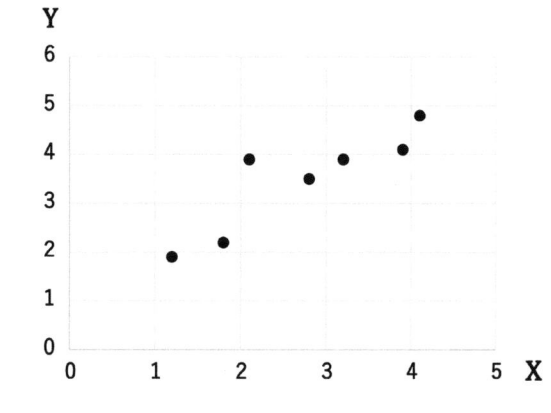

回帰直線

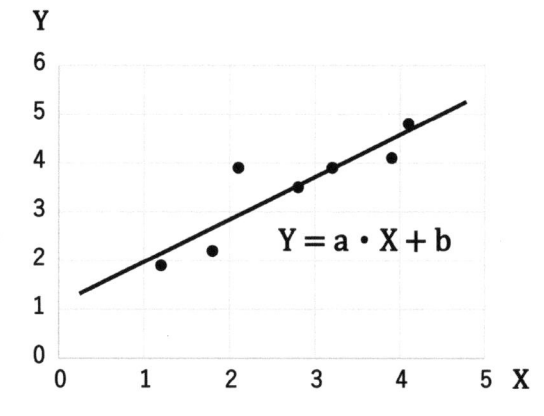

$$Y = a \cdot X + b$$

# 重回帰分析
Multiple regression analysis

複数の変数の値に基づいて，1つの値が決まる傾向がある場合，
それらの変数から1つの値を予測するための統計的手法

複数の観測された**独立変数**（dependent variable）から，1つの**従属変数**（independent variable）の値を予測する方法です。単回帰分析が1つの独立変数から，1つの従属変数の値を予測するのに対し，複数の独立変数から1つの従属変数の値を予測するため，重回帰分析と呼ばれています。

具体的には説明変数が2つの場合，次のモデル式をベースに**偏回帰係数**（partial regression coefficient）$a_1$, $a_2$と**切片**（intercept）bを求めることになります。

$$Y = a_1 X_1 + a_2 X_2 + b$$

この$a_1$, $a_2$, bの計算はExcelの「データ分析」の中の「回帰分析」ツールを使用することで求めることができます。

## Point

独立した各々の変数は結果として，目的変数である従属変数を説明しているため，説明変数とも呼ばれています。これらの変数の係数の大きさや正負の符号が目的変数にどのように影響を及ぼすのかを定量的に示唆しています。ただし，各説明変数の係数はモデルに含まれる他のすべての変数の存在下での推定なので，それぞれの独立変数単独の効果とは異なった傾向を示す場合があるので注意が必要です。このことから，これらの係数は偏回帰係数と呼ばれています。右の例では重回帰分析の X2 の効果が単独のものより低めに出ています。

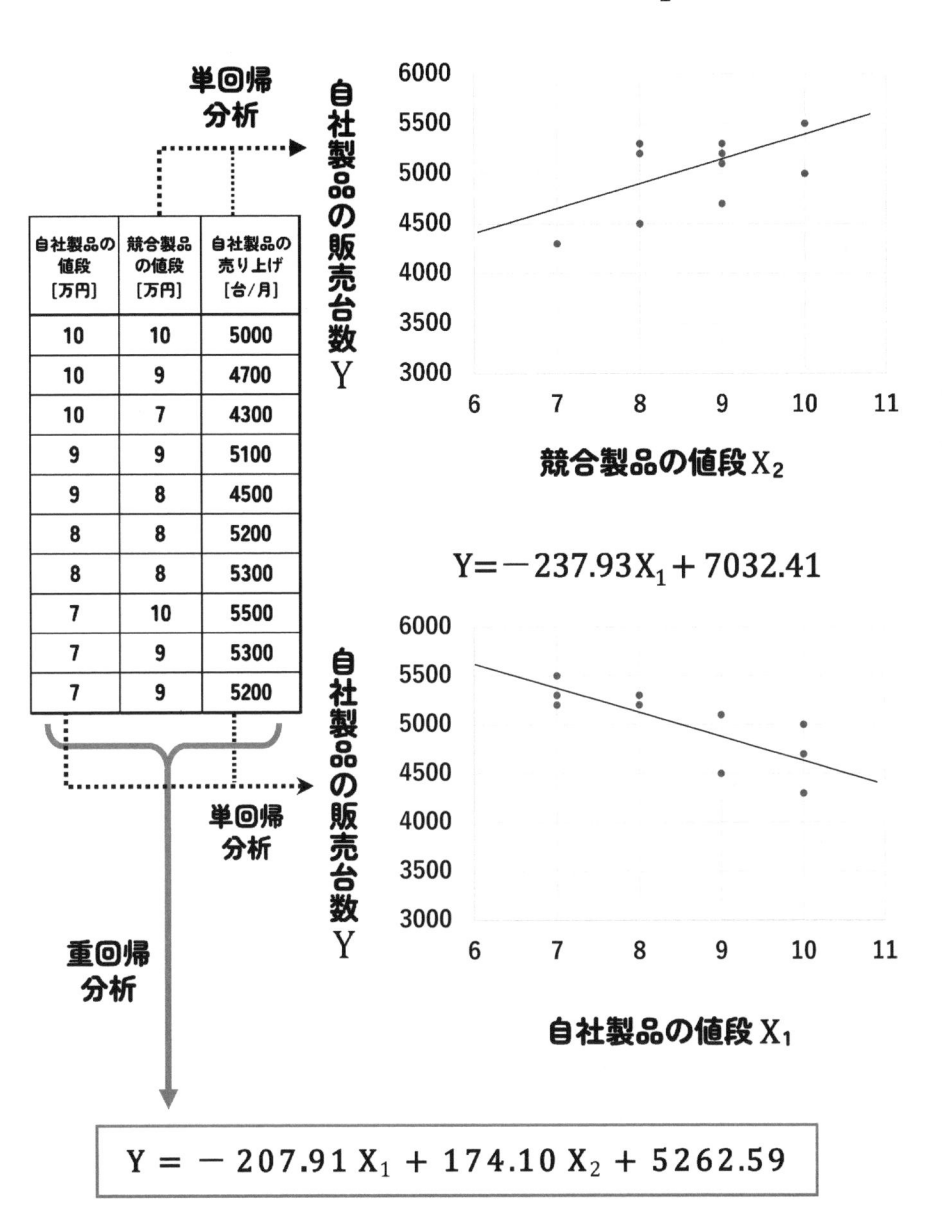

$$Y = 238.27\,X_2 + 2937.04$$

$$Y = -237.93\,X_1 + 7032.41$$

$$Y = -207.91\,X_1 + 174.10\,X_2 + 5262.59$$

# 相関係数

Correlation coefficient

2つの変数間の線形関係の強さと方向を示す統計的な指標

相関係数（correlation coefficient）は2つの変数がどれだけ同じ方向に動くか，あるいは反対方向に動くかを数値で表現したものです。この値の範囲は-1から+1で，+1は完全な**正の相関**（positive correlation），-1は完全な**負の相関**（negative correlation）を意味します。0の場合，2つの変数間には相関がないことを意味します。相関係数の中で最も一般的かつ広く使用される代表的な指標の1つに**ピアソンの相関係数**（Pearson correlation coefficient）があり，次式で表されます。

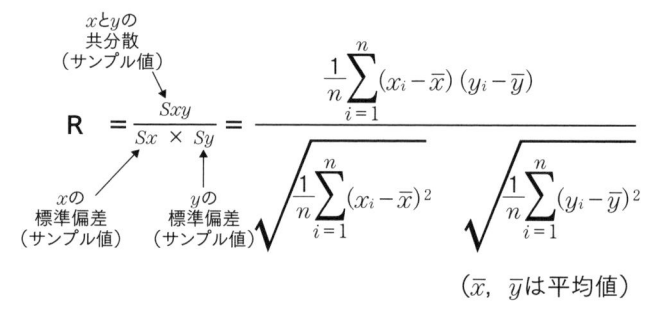

$$R = \frac{S_{xy}}{S_x \times S_y} = \frac{\dfrac{1}{n}\sum_{i=1}^{n}(x_i - \overline{x})(y_i - \overline{y})}{\sqrt{\dfrac{1}{n}\sum_{i=1}^{n}(x_i - \overline{x})^2}\sqrt{\dfrac{1}{n}\sum_{i=1}^{n}(y_i - \overline{y})^2}}$$

$xとyの$
共分散
（サンプル値）

$xの$
標準偏差
（サンプル値）

$yの$
標準偏差
（サンプル値）

$(\overline{x}, \overline{y}$は平均値$)$

### Point

右図の $x$ と $y$ の相関係数は $x$ と $y$ の**共分散**（covariance）$S_{xy}$ を $x$ の標準偏差 $S_x$ と $y$ 標準偏差 $S_y$ で除した値となり，R＝0.888となります。

$x$ の標準偏差 $S_x$ と $y$ 標準偏差 $S_y$ はそれぞれ一辺が偏差の値となる正方形を加えたもののイメージであり，ともに正の値をとります。一方，$x$ と $y$ の共分散は $x$ と $y$ の偏差から成る長方形を加えたもののイメージです。ただし，掛け合わされる偏差が正か負かによって正の相関へ寄与するか，負の相関へ寄与するかに分かれてきます。

| | $x$ | $y$ |
|---|---|---|
| | 1.2 | 1.9 |
| | 1.8 | 2.2 |
| | 2.1 | 3.9 |
| | 2.8 | 3.5 |
| | 3.2 | 3.9 |
| | 3.9 | 4.1 |
| | 4.1 | 4.8 |
| 平均 | 2.73 | 3.47 |

$$S_{xy} = \{(1.2 - 2.73)(1.9 - 3.47) + (1.8 - 2.73)(2.2-3.47) + \cdots + (4.1 - 2.73)(4.8-3.47)\}/7 = 0.868$$

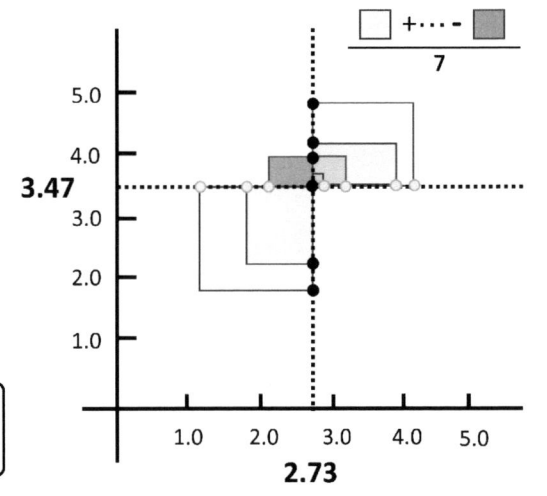

$$R = \frac{S_{xy}}{S_x \times S_y} = 0.888$$

$$S_x = [\{(1.2 - 2.73)^2 + (1.8 - 2.73)^2 + \cdots + (4.1 - 2.73)^2\} / 7]^{1/2} = 1.005$$

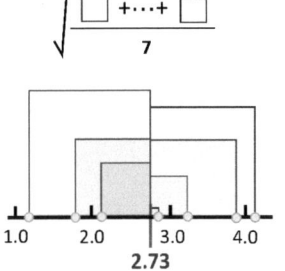

$$S_y = [\{(1.9 - 3.47)^2 + (2.2 - 3.47)^2 + \cdots + (4.8 - 3.47)^2\} / 7]^{1/2} = 0.972$$

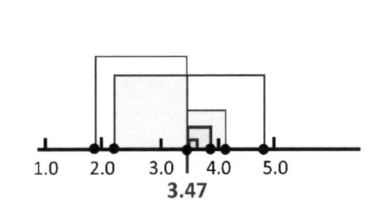

# 81 相関関係と因果関係

Correlation and causation

相関関係を確認しても,それが自動的に因果関係があることを
意味するわけではないので注意が必要

相関関係（correlation）は,2つの変数がどのように関連しているか関係の度合いを示します。一方,因果関係（causation）は,片方の変数が他方の変数に影響を与え,その変化を引き起こす関係を指します。

あるデータに関して相関関係を見出したからといって,それが自動的に因果関係を意味するわけではないため注意が必要です。

例えば,ある企業の競合社数が増えた際,売上高が増加したとします。この場合,競合社数と売上高間に因果関係があると解釈されがちですが,政府の減税策といった特定の**外部要因**（external factors）でその市場が急拡大した効果によるものかもしれません。これらの原因と結果の両方に影響を及ぼし,それらの間の関係を歪める可能性がある因子は**交絡因子**（confounding factor）と呼ばれます。

相関関係があることは必ずしも因果関係があることを示しているとは限らないので注意が必要です。

**G**

データ解析

## Point

交絡因子による偏りを最小限に抑え,より正確な因果関係を推定するためには回帰分析の説明変数に交絡因子を含めるなどして,これらの因子の影響を評価することなどが考えられます。

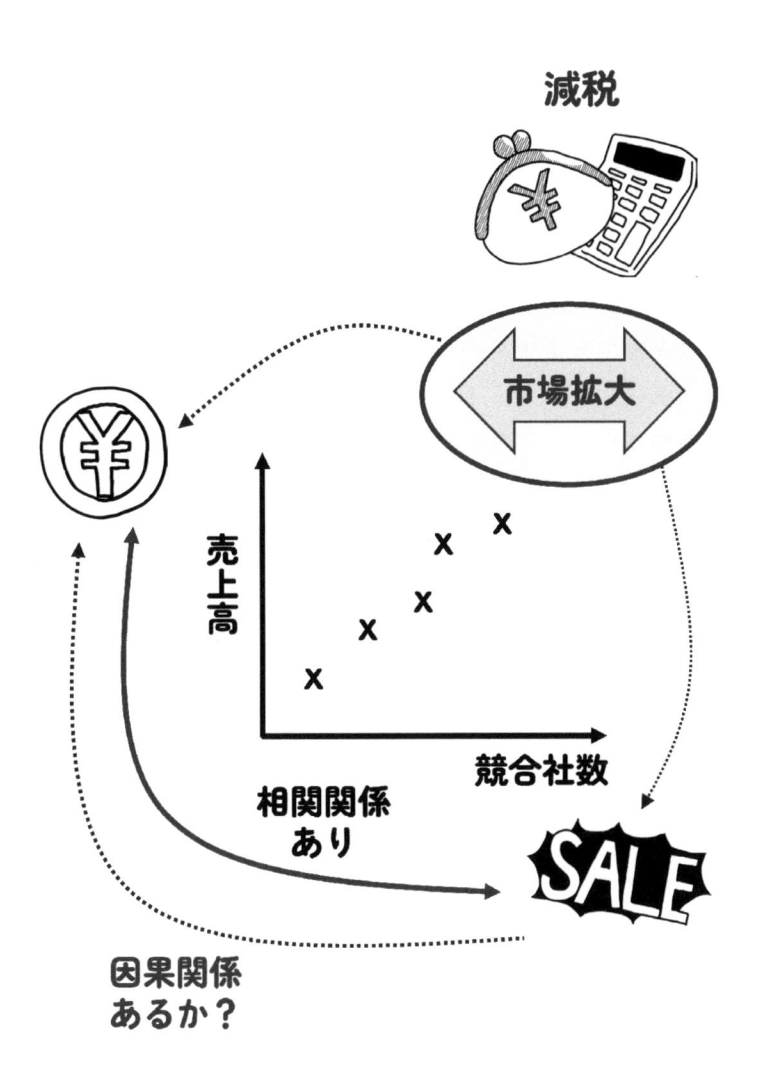

減税

市場拡大

¥

売上高

競合社数

相関関係
あり

SALE

因果関係
あるか？

# 主成分分析／マトリクスデータ解析法
Principal component analysis/matrix data analysis

複雑に絡み合った問題において，できる限り情報の損失を少なくしながら，3次元，2次元さらには1次元に縮約することでデータの最も重要なパターンを抽出する統計的手法

いくつかのサンプルについて共通した複数の特性値が観測されているとき，その特性値からサンプルの特徴を説明する主要な要素を抽出し，新たな**主成分**（principal components）（説明軸）を作成する手法です。観測データの**次元削減**（dimension reduction），すなわち**縮約**（contraction）とも捉えることができます。

多次元のデータにおいて，そのデータの**分散**（variance）が最大となる方向を順次見つけ出し，それらの軸でデータを評価することによって，元の観測データを少ない次元で効率よく表現していきます。

第1主成分は最も分散が大きく，第2主成分は第1主成分と直交する制約のもとで次に大きな分散を持ち，というように選ばれます。

**G**

データ解析

## Point

**【評価例】**
複数のネックスピーカー[*]についての調査を行った結果，右上に示されるようなデータを得ました。これらの製品間の本質的な差異を明らかにするためには，右側に示すプロセスをとります。
（*）首にかけて使用するタイプのスピーカー

**【適用例】**
➢ 市場での顧客へのアンケート結果を基に顧客ニーズを抽出する
➢ 小売店の立地条件，店の状態などから個別の店の評価指標を作る
➢ 市場品質情報を集約し，品質保証上の本質的な問題点を把握する

1. マトリックス・
   データを収集する

> 5点評価：数値が大
> きい方が好ましい

| 商品 | 価格(魅力) | 機能 | デザイン | 重量 |
|---|---|---|---|---|
| A | 1 | 5 | 3 | 1 |
| B | 3 | 2 | 5 | 4 |
| C | 2 | 4 | 4 | 2 |
| D | 4 | 2 | 2 | 4 |
| E | 4 | 2 | 4 | 1 |
| F | 5 | 1 | 2 | 2 |

2. 各列のデータを
   標準化する

> 各項目の平均値0，標準偏差
> 1のデータに変換する

$$標準化データ＝\frac{（データ）－（平均値）}{（標準偏差）}$$

| 商品 | 価格(魅力) | 機能 | デザイン | 重量 |
|---|---|---|---|---|
| A | -1.4720 | 1.5498 | -0.2752 | -0.9759 |
| B | -0.1132 | -0.4428 | 1.3762 | 1.2199 |
| C | -0.7926 | 0.8856 | 0.5505 | -0.2440 |
| D | 0.5661 | -0.4428 | -1.1010 | 1.2199 |
| E | 0.5661 | -0.4428 | 0.5505 | -0.9759 |
| F | 1.2455 | -1.1070 | -1.1010 | -0.2440 |

3. 相関係数行列
   から固有値・
   固有ベクトル
   を求める

| 相関係数行列(R) | 価格 | 機能 | デザイン | 重量 |
|---|---|---|---|---|
| 価格 | 1.0000 | -0.9627 | -0.3740 | 0.2652 |
| 機能 | -0.9627 | 1.0000 | 0.1828 | -0.4213 |
| デザイン | -0.3740 | 0.1828 | 1.0000 | 0.0403 |
| 重量 | 0.2652 | -0.4213 | 0.0403 | 1.0000 |

4. 固有値から
   主成分の数を
   決める（累積
   寄与率8割程度）

| | 第1主成分 | 第2主成分 | 第3主成分 | 第4主成分 |
|---|---|---|---|---|
| 固有値(E) | 2.2627 | 1.0691 | 0.6604 | 0.0078 |
| 寄与率(Pr) | 0.5657 | 0.2673 | 0.1651 | 0.0020 |
| 累積寄与率(Pa) | 0.5657 | 0.8329 | 0.9980 | 1.0000 |

5. 主成分負荷量から
   各主成分の意味付
   けを行う

| 固有ベクトル(VE) | 第1主成分 | 第2主成分 | 第3主成分 | 第4主成分 |
|---|---|---|---|---|
| 価格（魅力） | 0.6372 | -0.1255 | -0.3030 | 0.6974 |
| 機能 | -0.6377 | -0.1104 | 0.3088 | 0.6970 |
| デザイン | -0.2703 | 0.7561 | -0.5817 | 0.1302 |
| 重量 | 0.3380 | 0.6328 | 0.6888 | 0.1043 |

各固有値
の平方根
を乗じる

（固有ベクトルは単位ベクトルとする）

第1主成分
価格が魅力的

第2主成分
デザインと実用性

| 主成分負荷量(PL) | 第1主成分 | 第2主成分 | 第3主成分 | 第4主成分 |
|---|---|---|---|---|
| 価格（魅力） | 0.9585 | -0.1298 | -0.2462 | 0.0617 |
| 機能 | -0.9592 | -0.1141 | 0.2509 | 0.0616 |
| デザイン | -0.4066 | 0.7818 | -0.4727 | 0.0115 |
| 重量 | 0.5084 | 0.6543 | 0.5598 | 0.0092 |

6. 主成分得点を求める

> 主成分得点は各商品の標準化された観測値
> とその主成分の固有ベクトルとの内積値

| 主成分得点(Ps) | 第1主成分 | 第2主成分 | 第3主成分 | 第4主成分 |
|---|---|---|---|---|
| A | -2.1817 | -0.8121 | 0.4125 | -0.0840 |
| B | 0.2506 | 1.8755 | -0.0627 | -0.0812 |
| C | -1.3011 | 0.2635 | 0.0254 | 0.1107 |
| D | 1.3530 | -0.0826 | 1.1724 | 0.0700 |
| E | 0.1645 | -0.2235 | -1.3007 | 0.0562 |
| F | 1.7147 | -1.0208 | -0.2469 | -0.0717 |

7. サンプルの散布状況を図示する

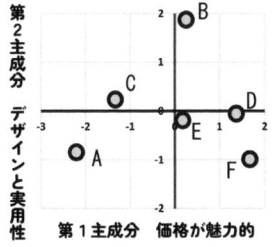

第2主成分　デザインと実用性
第1主成分　価格が魅力的

# 因子分析
Factor analysis

多変量のデータに対して，そのデータが得られた「原因」や「根拠」
すなわち「因子」を探り出す統計的手法

　主成分分析は観測変数から一種の**合成変数**（composite variable）を作り出す手法ですが，因子分析は得られたデータの各観測変数に影響を与えている背後の共通する因子を抽出する手法です。

　ある商品の購入に関してのアンケート調査で得られた多くの項目に対する顧客の指向を分析し，顧客の本質的な商品購入決定因子を浮き彫りにしたいときなどに用いられます。例えば，右図の**観測変数**（observed variable）を100人のアンケート対象者に34問の質問を投げかけ，5段階の数値（1–5）で回答してもらった結果とします。この回答を潜在的な因子である**因子得点**（factor score）とこれを観測変数を結びつける**因子負荷量**（factor loading）のマトリクスの積で表すことを考えます（厳密にはこれに誤差項を付け加えます）。この因子負荷量のマトリクスを導出するのには各質問間の相関行列を求め，その**固有値解析**（eigenvalue analysis）を行い，感覚に合う因子が抽出されたかを確認し，主要な**軸数**（number of axes）（この例では4と設定）とその意味を決めていきます。なお，因子分析では因子負荷量の計算に**最尤法**（maximum likelihood estimation）や**最小二乗法**（least squares method）が，またその過程で**バリマックス回転**（varimax rotation）や**プロマックス回転**（promax rotation）という特有の計算手法が用いられます。

　因子負荷量の決定後，各回答者の各因子に相当する因子得点を求めます。求まった各因子の因子得点は異なるサンプルや因子間で得点を比較可能にするため，平均値が0で標準偏差が1になるように調整されます。

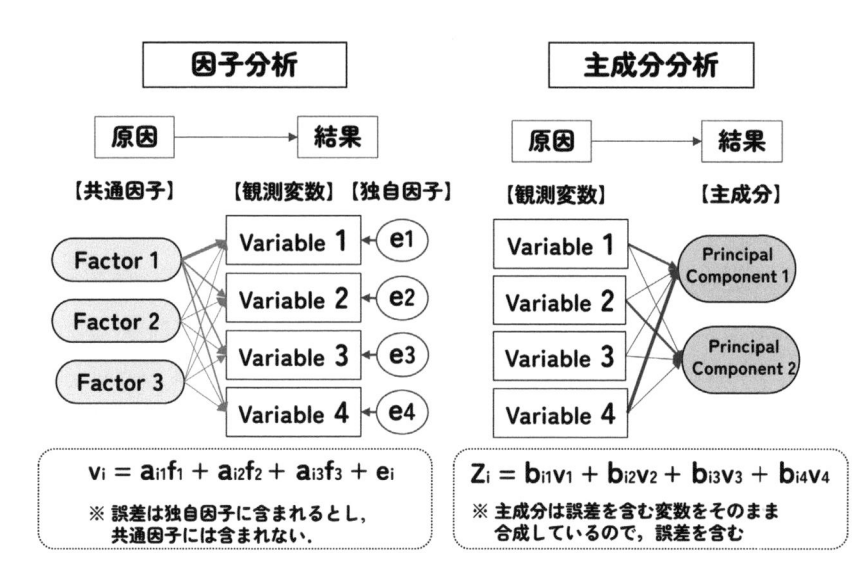

## 因子分析

原因 ——→ 結果

【共通因子】　【観測変数】【独自因子】

Factor 1 → Variable 1 ← e1
Factor 2 → Variable 2 ← e2
Factor 3 → Variable 3 ← e3
→ Variable 4 ← e4

$$v_i = a_{i1}f_1 + a_{i2}f_2 + a_{i3}f_3 + e_i$$

※ 誤差は独自因子に含まれるとし，
共通因子には含まれない。

## 主成分分析

原因 ——→ 結果

【観測変数】　　　　【主成分】

Variable 1
Variable 2
Variable 3
Variable 4
→ Principal Component 1
→ Principal Component 2

$$Z_i = b_{i1}v_1 + b_{i2}v_2 + b_{i3}v_3 + b_{i4}v_4$$

※ 主成分は誤差を含む変数をそのまま
合成しているので，誤差を含む

BT
**83**

回答者数：100，質問数：34 の例

| 観測変数 Observed variable | 因子負荷量 Factor loading | 因子得点 Factor scale |

回答者1　回答者2 ……… 回答者100

質問1　　$V_{1,1}$　$V_{1,2}$ …… $V_{1,100}$
質問2　　$V_{2,1}$
質問34　$V_{34,1}$ …… $V_{34,100}$

=

$L_{1,1}$　$L_{1,2}$ …… $L_{1,4}$
$L_{2,1}$
$L_{34,1}$　　　　$L_{34,4}$

●

回答者1　回答者2 ……… 回答者100

$S_{1,1}$　$S_{1,2}$ …… $S_{1,100}$　因子1
$S_{2,1}$
$S_{4,1}$ …… $S_{4,100}$　因子4
+Error
（誤差項）

---

### Point

主成分分析はエクセルなどを多用すればいわゆる手計算で行うことができますが，因子分析の場合は因子負荷量の計算に特有の計算手法が用いられるため，因子分析用の計算ソフトを使うことが現実的です。

> 目的変数が二値のケースについて，独立変数と二値目的変数との関係を
> モデリングする統計的手法

**ロジスティック回帰分析**（logistic regression analysis）は，合格率や成功率，病気になる確率など，目的変数が二値の値を取る場合に使用される統計的手法です。この手法では，直線回帰ではなく**シグモイド曲線**（sigmoid curve）（S字カーブ，右図□プロット）を想定して，独立変数と成功確率の関係をモデリングします。具体的には，二値のデータ（合格＝1，不合格＝0）に基づいて，シグモイド曲線をデータに**フィット**（fit）させ，それに基づいて確率を推定します。

このフィッティングのためには，合格確率pのオッズ値である $p/(1-p)$ の対数（自然対数）であるロジット値 $\log\{p/(1-p)\}$ が直線に近似される性質を使います。このロジット値への直線回帰式 $\mathrm{Logit}(p) = ax + b$ の値を逆ロジット変換することで測定値xと合格確率pを表すS字カーブが次式で表せることになります。

$$P = \frac{1}{1+\exp\{-(ax+b)\}}$$

この未知数aとbは，与えられた観測値から次の**尤度**（likelihood）L（事象の起こりやすさ）を最大化する**最尤法**（maximum likelihood estimation）で推定します。

$$L = \prod_{i=1}^{n} p_i^{h_i}(1-p_i)^{1-h_i} \quad \begin{pmatrix} n：サンプル・サイズ \\ h_i：2値データ(0,1) \\ p_i：成功する確率p \end{pmatrix}$$

この式の両辺の対数を取って次のような和の形（対数尤度関数）にし，**ニュートンラフソン法**（Newton-Raphson method）などの繰り返し計算で a, b の値（最尤推定量）を求め，上記pの計算式を用い独立変数x との関係を推定します。

$$\mathrm{Log}\,L = \sum_{i=1}^{n} \{h_i \cdot \log p_i + (1-h_i) \cdot \log(1-p_i)\}$$

G

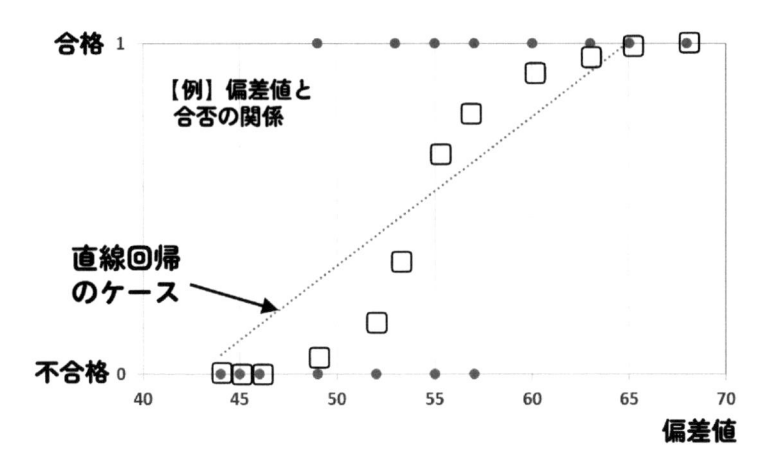

合格 1
不合格 0

【例】偏差値と
合否の関係

直線回帰
のケース

偏差値

40　45　50　55　60　65　70

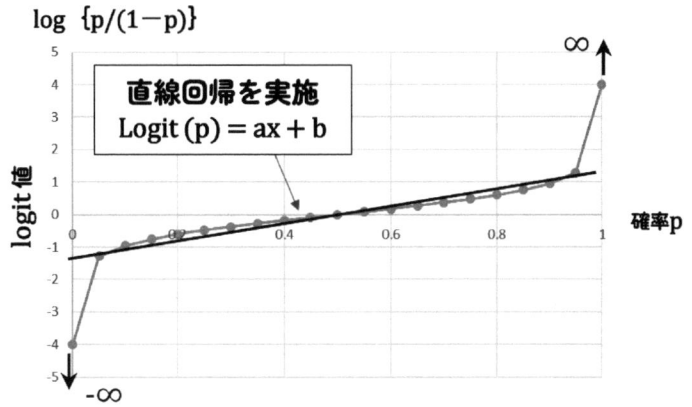

log {p/(1−p)}

∞

直線回帰を実施
Logit (p) = ax + b

logit 値

確率p

0.2　0.4　0.6　0.8　1

−∞

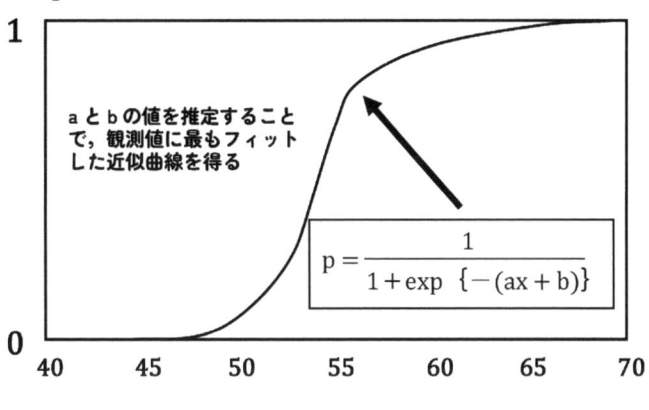

確率p

1

a と b の値を推定すること
で，観測値に最もフィット
した近似曲線を得る

$$p = \frac{1}{1 + \exp\{-(ax + b)\}}$$

0

40　45　50　55　60　65　70

直交表を用いることで, 少ない実験回数で多くの要因の効果を効率的に
推定するための実験設計および分析の統計的手法

　実験計画法にはさまざまな方法がありますが, ここでは**直交表**（orthogonal array）を用いた手法について説明します。多数の要因とレベルを持つ実験において, 実験の**組み合わせ**（combination）を系統的に減少させることで, 効率的にデータを収集する手法です。

　例えば, **3因子2水準**（3 factors with 2 levels）の場合, すべての組み合わせについて実験しようとすると$2^3 = 8$通りの実験が必要になりますが, この実験を直交表$L_4(2^2)$に**割り付ける**（allocate）ことで実験回数を4回へ減らすことができます。下図の立方体の積み上げを考えた場合, どの方向から見てもその面がカバーできる組み合わせがあることがわかります。直交表$L_4(2^2)$において, 第3列は**交互作用**（interaction）になりますが, この効果が小さいと考えるときは, 3列目に別の因子Cを割り付けることも可能です。

　上記直交表$L_4(2^2)$は最もシンプルなケースです。因子が増えた場合, 例えば4因子を考慮する場合は直交表$L_8(2^7)$を用い, 右のような手順で実験を実施し評価します。

G
データ解析

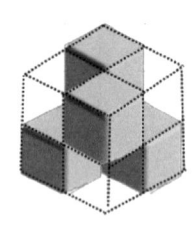

| $L_4(2^2)$ 直交表 | [1] | [2] | [3] |
|---|---|---|---|
| | **A** | **B** | **AB(C)** |
| 1 | 1 | 1 | 1 |
| 2 | 1 | 2 | 2 |
| 3 | 2 | 1 | 2 |
| 4 | 2 | 2 | 1 |

# 自動車燃費の検討例

## 1. 実験の計画

(1) 対象とする因子と交互作用を設定
(2) 適切な直交表を選択, 因子を割り付ける

**交互作用: AB, AC, BC の存在を予測**

| | | | |
|---|---|---|---|
| 因子A | 平均速度 [km/h] | 80 | 100 |
| 因子B | 乗車人数 | 1 | 4 |
| 因子C | タイヤの空気圧 [kgf/cm2] | 2.2 | 2.4 |
| 因子D | エアコン | on | off |

$L_8(2^3)$に因子 A, B, C, Dと交互作用を割り付けた例

| | [1] | [2] | [3] | [4] | [5] | [6] | [7] |
|---|---|---|---|---|---|---|---|
| | A | B | AB | C | AC | BC | D |
| 1 | 1 | 1 | 1 | 1 | 1 | 1 | 1 |
| 2 | 1 | 1 | 1 | 2 | 2 | 2 | 2 |
| 3 | 1 | 2 | 2 | 1 | 1 | 2 | 2 |
| 4 | 1 | 2 | 2 | 2 | 2 | 1 | 1 |
| 5 | 2 | 1 | 2 | 1 | 2 | 1 | 2 |
| 6 | 2 | 1 | 2 | 2 | 1 | 2 | 1 |
| 7 | 2 | 2 | 1 | 1 | 2 | 2 | 1 |
| 8 | 2 | 2 | 1 | 2 | 1 | 1 | 2 |

## 2. 実験実施とグラフの数値化

(1) 設定した水準の組み合わせで実験実施

| | A | B | C | D | 測定値 |
|---|---|---|---|---|---|
| | 平均速度 | 乗車人数 | タイヤの空気圧 | エアコン | 燃費 |
| | km/h | 人 | kgf/cm2 | on/off | km/l |
| 1 | 80 | 1 | 2.2 | on | 14.8 |
| 2 | 80 | 1 | 2.4 | off | 15.9 |
| 3 | 80 | 4 | 2.2 | off | 14.1 |
| 4 | 80 | 4 | 2.4 | on | 14.3 |
| 5 | 100 | 1 | 2.2 | off | 13.1 |
| 6 | 100 | 1 | 2.4 | on | 13.3 |
| 7 | 100 | 4 | 2.2 | on | 12.7 |
| 8 | 100 | 4 | 2.4 | off | 14.5 |

(2) 各因子で整理しグラフ化

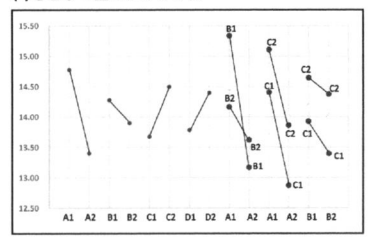

## 3. 分散分析

(1) 各要因の平方和と自由度を計算
(2) 分散分析表の作成

| | [1] | [2] | [3] | [4] | [5] | [6] | [7] |
|---|---|---|---|---|---|---|---|
| | A | B | AB | C | AC | BC | D |
| 第1水準の和 | 59.1 | 57.1 | 57.9 | 54.7 | 56.7 | 56.7 | 55.1 |
| 第2水準の和 | 53.6 | 55.6 | 54.8 | 58 | 56 | 56 | 57.6 |
| 差 | 5.5 | 1.5 | 3.1 | -3.3 | 0.7 | 0.7 | -2.5 |
| S [k] | 3.78125 | 0.28125 | 1.20125 | 1.36125 | 0.06125 | 0.06125 | 0.78125 |

| | 因子 | 平方和 | 自由度Φ | 平均平方V | $F_0$値 | P値 |
|---|---|---|---|---|---|---|
| A | 平均速度 | 3.78125 | 1 | 3.78125 | 61.73 | 0.015816 |
| B | 乗車人数 | 0.28125 | 1 | 0.28125 | 4.59 | 0.165428 |
| C | タイヤの空気圧 | 1.36125 | 1 | 1.36125 | 22.22 | 0.042178 |
| D | エアコン | 0.78125 | 1 | 0.78125 | 12.76 | 0.070216 |
| A×B | 交互作用 | 1.20125 | 1 | 1.20125 | 19.61 | 0.047398 |
| A×C+B×C | 誤差 E | 0.1225 | 2 | 0.06125 | | |
| T | 合計 | 7.52875 | 7 | | | |

交互因子ACとBCから大きな効果は期待できないため, それらを誤差項にまとめて評価し, 最適水準として

# 数量化理論
## Quantification theory

質的データを量的スコアに変換して分析を可能にする統計的手法

数量化理論とは程度，状態，Yes/No，といった質的データに数量を与え，重回帰分析，判別分析，主成分分析と同じような多変量データ解析を行う手法です。

**【数量化理論と多変量解析との対応】**

**① 数量化I類 ⟸⟹ 重回帰分析**

重回帰分析は説明変数のデータ形態が**量的データ**（quantitative data）であるのに対し，**数量化I類**（quantification theory I）ではそれが**質的データ**（qualitative data）となります。例えば，**世帯**（household）のいろいろな特性と，ある特定商品を購入する際の金額や量との関係を予測します。その際，まず**アンケート調査票**（questionnaire）などから得られる「はい/いいえ」などの質的データを数式で表すために次の**ダミー変数**（dummy variable）を考えます。

|  | 1 新聞の購読 | | 2 二世帯住居 | |
|---|---|---|---|---|
|  | 1 はい | 2 いいえ | 1 はい | 2 いいえ |
|  | ✓ |  | ✓ |  |
| Xij | $x_{11}$ | $x_{12}$ | $x_{21}$ | $x_{22}$ |
|  | 1 | 0 | 1 | 0 |

重回帰式の定式化と同様に考え，ダミー変数 $x_{ij}$ を用いた次式を仮定します：

$$Y = b_{11} x_{11} + b_{12} x_{12} + b_{21} X_{21} + b_{22} x_{22} + b_0$$

例えば，被験者6名の世帯の特性に対するアンケートとある数値の測定結果を次表に示すように得たとします。

この時，予実差の2乗和を $Q$ とすると，次式が成り立ちます：

$$Q = (\Sigma 実測値 y - 予測値 Y)^2$$
$$= (57 - (b_{11} + b_{22} + b_0))^2 + (65 - (b_{11} + b_{21} + b_0))^2$$
$$+ (51 - (b_{12} + b_{21} + b^0))^2 + (54 - (b_{11} + b_{21} + b_0))^2$$
$$+ (45 - (b_{12} + b_{21} + b_0))^2 + (67 - (b_{11} + b_{22} + b_0))^2$$

| 被験者 | 1 新聞の購読 | | 2 二世帯住宅 | | 外的基準 | 予測値 |
|---|---|---|---|---|---|---|
| | 1 はい | 2 いいえ | 1 はい | 2 いいえ | （実測値） | |
| No. | $x_{11}$ | $x_{12}$ | $x_{21}$ | $x_{22}$ | y | Y |
| 1 | 1 | 0 | 0 | 1 | 57 | $b_{11} + b_{22} + b_0$ |
| 2 | 1 | 0 | 1 | 0 | 65 | $b_{11} + b_{21} + b_1$ |
| 3 | 0 | 1 | 1 | 0 | 51 | $b_{12} + b_{21} + b_2$ |
| 4 | 1 | 0 | 1 | 0 | 54 | $b_{11} + b_{21} + b_3$ |
| 5 | 0 | 1 | 1 | 0 | 45 | $b_{12} + b_{21} + b_4$ |
| 6 | 1 | 0 | 0 | 1 | 67 | $b_{11} + b_{22} + b_5$ |

ここで，最小 2 乗法を適用し，Q を最小化する次の 4 条件を適用します。

$$\frac{\partial Q}{\partial b_{11}}=0 \qquad \frac{\partial Q}{\partial b_{12}}=0 \qquad \frac{\partial Q}{\partial b_{21}}=0 \qquad \frac{\partial Q}{\partial b_{22}}=0$$

その結果，最終的に**予測式**（prediction equation）が次のように求まります。

$$Y = 3.833x_{11} - 7.667x_{12} - 0.833x_{21} + 1.667x_{22} + 56.5$$

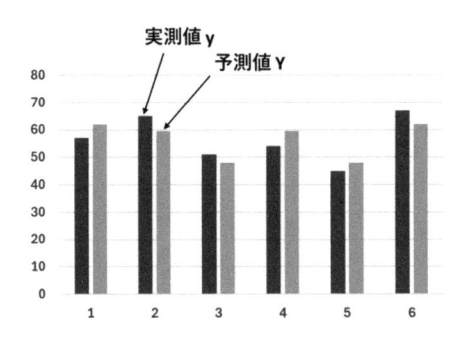

**判別分析**（discriminant analysis），**主成分分析**（principal component analysis）についても同様な考え方で，展開することができ，形式的には次の関係があります。

② **数量化Ⅱ類** ⟺ **判別分析**
③ **数量化Ⅲ類** ⟺ **主成分分析**

# パレート図

Pareto chart

問題の要因を把握しやすいように優先順位付けして
視覚的に表示する統計グラフ

不適合品（nonconforming product）数や損失金額の大部分の要因は，考えられる多くの要因の内ごくわずかの項目によって占められていると言われています。これは一般に**80/20の原則**（80/20 principle）として知られています。重要な少数（20％）が結果の大部分（80％）を生み出すという法則です。

棒グラフと線グラフを組み合わせた形で，棒グラフは個々の原因の大きさを，線グラフは**累積**（cumulative）の割合を示します。線グラフを棒グラフの対角線に配置することで，それぞれの要因の効果が理解しやすくなります。

**品質管理**（quality control）から顧客関係管理，**時間理管**（time management）など，多くの分野に応用されています。

## Point ✌

パレート図は品質管理の「損失を減らすには**影響力の小さい多くの**項目（trivial many）より，**少数の影響力の大きい項目**（vital few）に取り組んだ方が良い」という**重点指向**（priority focus）の考え方を実施するツールの１つです。

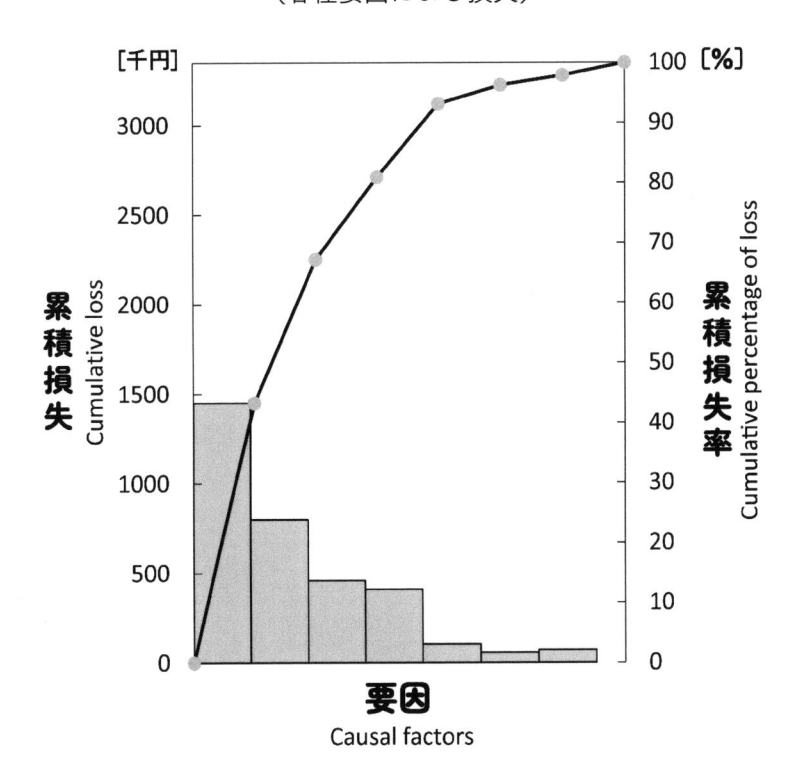

# パレート図の例
（各種要因による損失）

BT
**87**

# 特性要因図
Fishbone diagram

問題の分析のため，結果(特性)に影響を与える可能性がある要因を
視覚的に整理するために用いられる図

　問題には複雑で相互に関連する多くの原因があります。これらの原因を
体系的に特定し，解決策を見つけるために，視覚的に整理した図です。**品
質管理**（quality control）で著名な石川馨によって開発されたため，海外
では**石川ダイアグラム**（Ishikawa diagram）とも呼ばれています。以下の
方法で作成します。

① 問題となっている特性を図の「頭」とする

　特性を目的のような表現にすると，以下のプロセスで対策が出てくるの
で注意する。右の例では「成績が上がらない」という問題特性を設定し，
その要因を探っている。

② 大分類（大骨）の設定

　工場の品質管理などにおいては4M（man, machine, method, material）
で整理される。一般の課題についても，右図のようにまず類似した大まか
な要因を設定する。

③ できるだけ多くの人の意見を集める

　ブレインストーミングやデータ分析を通じて，原因となり得る要因を識
別し，適切な枝を追加していく。その際，右図にあるシンプルな**カレイ**
（flatfish）の骨形状ではなく，複雑に入り組んだ**ゴジラ**（Godzilla）の骨形
状が望ましい。

④ 常に検討を加えアップデートする。

## Point

特性要因図は，原因と結果に焦点を当てています。大骨から中骨，
小骨，孫骨と順を追って要因を掘り下げていく（delve into）手
法であり，連関図法と違い，要因間をまたがった関連付け
（association）は行いません。

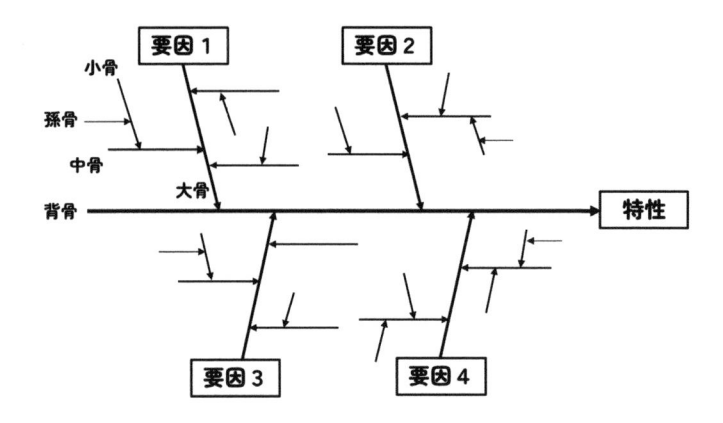

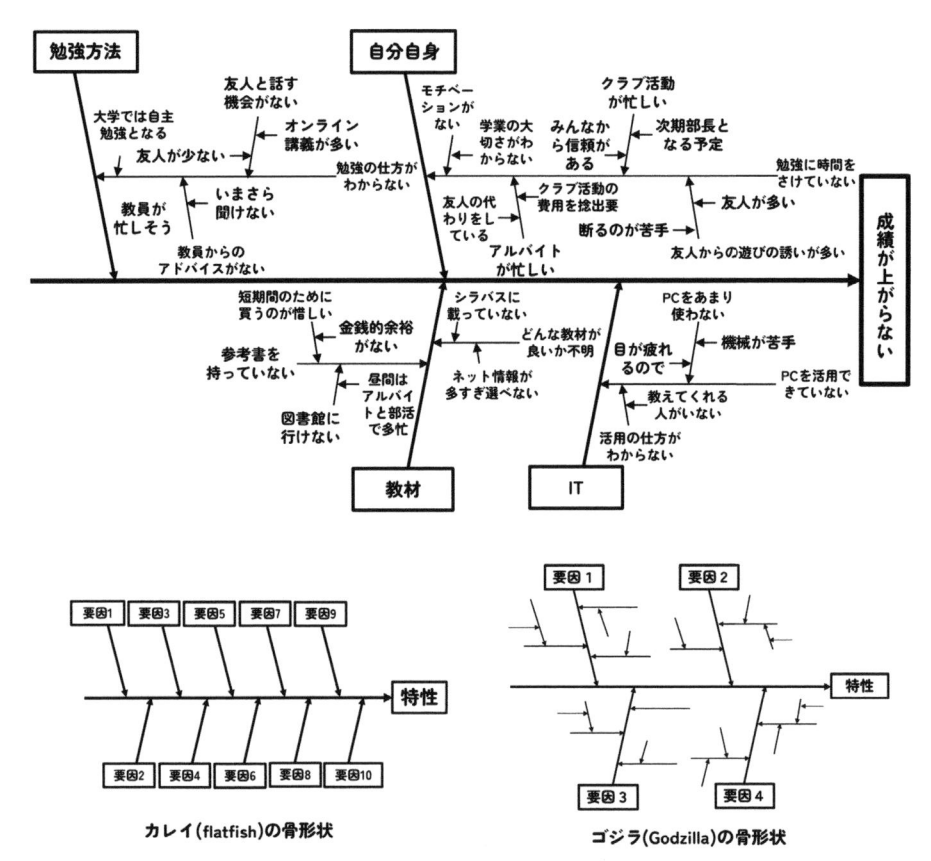

**カレイ(flatfish)の骨形状**

**ゴジラ(Godzilla)の骨形状**

出典：細谷克也編『やさしいQC七つ道具』（日本規格協会，2009年）を参考に著者作成

# 移動平均線

Moving average line

一連のデータの短期的な変動をスムーズにし，過去一定期間の平均値を算出することで長期的なトレンドを捉えやすくする手法

移動平均線（moving average line）は短期間に**激しく動く**（move sharply）データにおいて，時間の経過に沿って一定期間の平均値を計算し，それらの平均値を表示したグラフです。データの短期的な変動を**滑らかに**して（smooth out），長期的なトレンドを**視覚的に**（visually）理解しやすくします。

株価や為替レートといった変動の激しい金融データなどで多用されています。例えば，過去7日間の株価の移動平均線は過去7日間の各日の一般には終値を平均することで求められています。

> ## Point
>
> 移動平均線は単独で表記され，そのデータの全体像をつかむために使われますが，右図のように株式の取引において，複数の異なる期間，例えば7日間と25日間の移動平均線を組み合わせて表示することで，今後のデータの動きを予測するのに使われたりもします。
>
> 短期移動平均線が長期移動平均線を下から上に突き抜ける点は**ゴールデンクロス**（golden cross）と呼ばれ今後の価格の上昇トレンドを示唆している可能性があると言われています。一方，その逆であれば**デッドクロス**（dead cross）と呼ばれ下降トレンドの開始を示唆している可能性があると言われています。

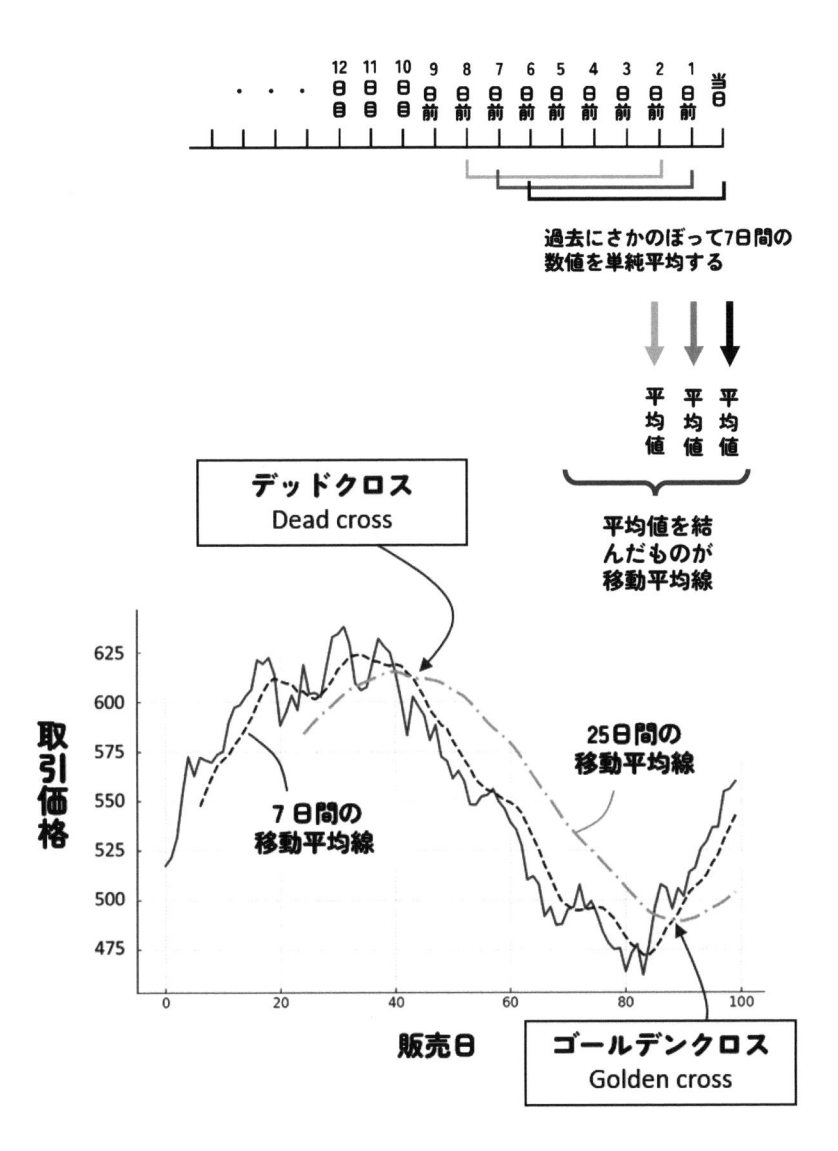

## 散布図

Scatter diagram

2つの変数が与えられたときにそれらの関係をプロットで表した
統計グラフの一形態

散布図（scatter diagram）は実験や解析から得られた2つの異なるデータセットを整理する際にそれぞれの値を変数としてx軸とy軸に割り当て，その交点をグラフ上にプロットしたものです。

このプロットの描く傾向を視覚的に理解し，相関係数Rを算出し相関関係を把握したり，単回帰分析などの手法を用い定式化につなげることも可能になります。

| 相関係数R（絶対値） | 相関の強さ |
|---|---|
| \|R\| < 0.3 | ほとんど関係なし |
| 0.3 ≦ \|R\| < 0.5 | 弱い相関がある |
| 0.5 ≦ \|R\| < 0.7 | 相関がある |
| 0.7 ≦ \|R\| | 強い相関がある |

### Point

散布図により2つの変数の相関関係が視覚的にわかり，相関係数でその確からしさを確認することができます。例えば右図のR＝-0.9やR＝1.0のケースなどは強い相関を示しています。しかし，この関係は必ずしも一方の変数（原因）が他方の変数（結果）の変化を引き起こす関係，すなわち**因果関係**（causation）があるという証拠にはならないので注意が必要です（BT81参照）。

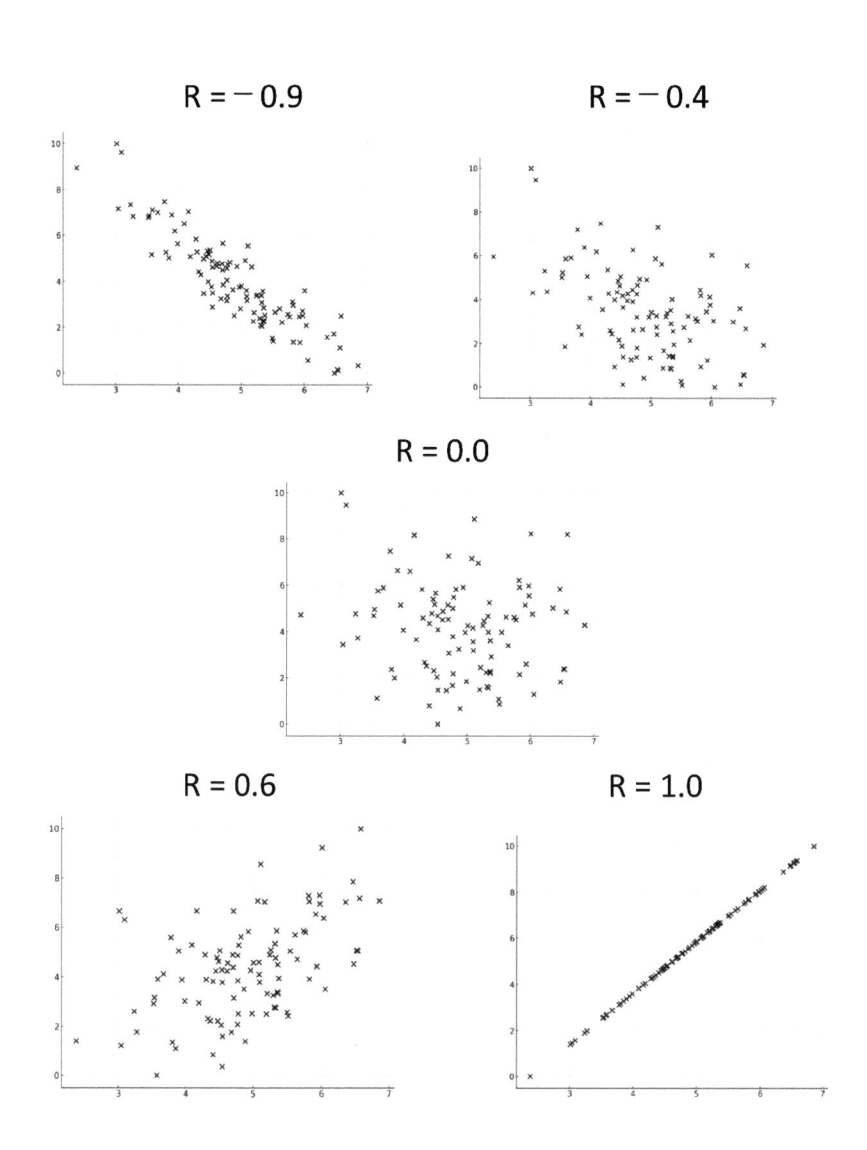

# ヒストグラム
Histogram

データの分布を視覚的に表現するために使用される統計グラフの一種で, 値の範囲を区切り, それぞれの範囲内のデータの頻度を棒の高さで示した統計グラフ

　データがどのように散らばっているのかを見るツールであり, データの存在する範囲をいくつかの区画に分け, 設定された各区画に入るデータの**出現度数**（frequency of occurrence）を数え, これをグラフに表したものです。

　サンプルを無作為に選んだ場合は通常, **母集団**（population）の特徴を反映するため, ヒストグラムの形状を見れば, 母集団の分布を推定可能です。その他, 中心の位置, データの散らばり具合, 外れ値の存在, データが１つのピークを持つのか複数のピークを持つのかなど, データセットの特性をつかむことができます。

　なお, サンプル数は少なくとも20〜30個程度必要で100個程度が望ましいと言われています。

　ヒストグラムはExcelアドインの「データ分析」を用いて描くことができます。

## Point

ヒストグラムを作成するには最初に, データの最大値と最小値を求め, ヒストグラムの**範囲**（range）R を求めた後, そのR を分割する**分割数**（number of divisions）k を決めます。このk はまずデータ数の平方根の値を目安とします。R をk で除して仮の**区間幅**（interval width）が出たら, データの測定単位の**整数倍**（integer multiple）となるようにその区間幅を調整し決定します。

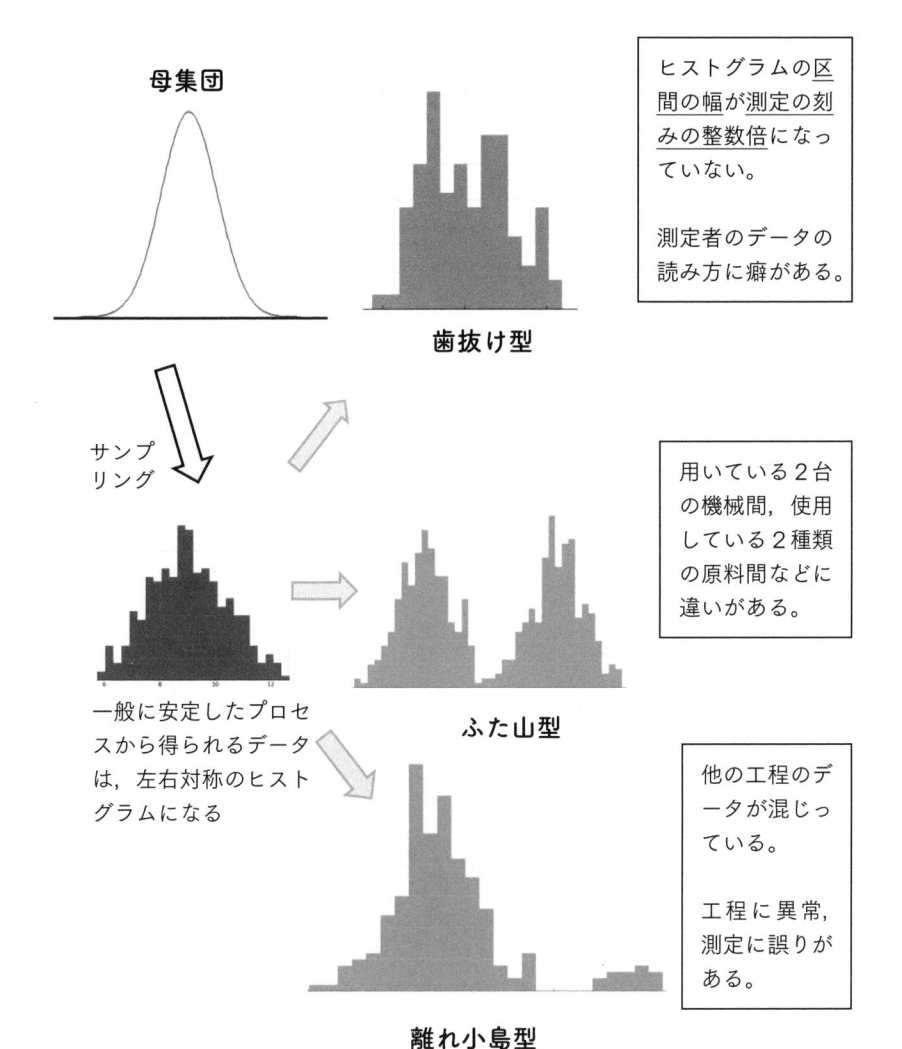

母集団

歯抜け型

ヒストグラムの区間の幅が測定の刻みの整数倍になっていない。

測定者のデータの読み方に癖がある。

サンプリング

一般に安定したプロセスから得られるデータは，左右対称のヒストグラムになる

ふた山型

用いている2台の機械間，使用している2種類の原料間などに違いがある。

離れ小島型

他の工程のデータが混じっている。

工程に異常，測定に誤りがある。

# 管理図
Control chart

時系列データの異常を判断するために用いられる, 中心線(CL)と
管理限界線(UCL, LCL)から成る統計グラフ

日常行われている活動が**異常**（abnormality）なく営まれているかを判断するために**管理図**（control chart）が用いられます。

管理図には通常の**折れ線グラフ**（line graph）とは異なり，中心線CLに統計理論に基づいて数学的に導かれたと異常を判断する**上限管理限界**（upper control limit）UCLおよび**下限管理限界**（lower control limit）LCLが併記されています。UCLとLCLは正規分布を仮定して，CLから±3σの位置に設定されることが一般的です（右上図参照，BT94に記述したポアソン分布などの場合は別設定ルールがあります）。

時系列で測定されたデータを管理図上に記録し，活動の**管理状態**（management status）を把握します。

## Point ☝

管理図にプロットされたデータから異常な現象が起きているか否かを判断します。
品質管理の領域では次のような**判定基準**（decision criteria）が決められています。
① **制御限界**（control limits）の外に点がある
② 連続点が同じ側にあるなどのパターンを持つ
③ 不自然な変動やパターンを持つ
④ 制御限界内で極端な変動を示す
例えば，右下の管理図では，連続する3点中，2点が領域Aに入っているため異常とみなすことができます。

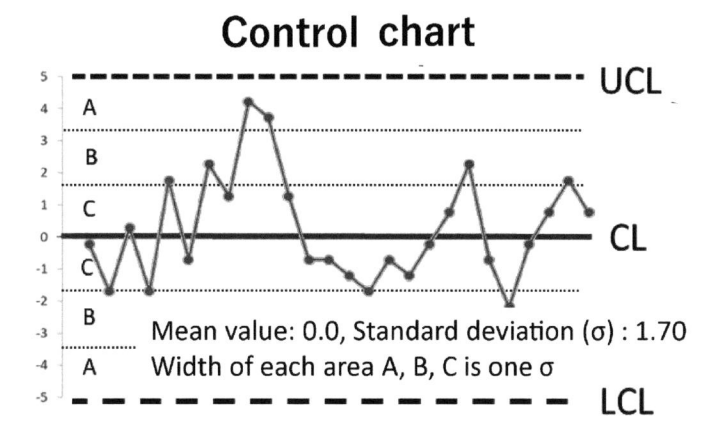

Mean value: 0.0, Standard deviation (σ) : 1.70
Width of each area A, B, C is one σ

平均値：0.0, 標準偏差 (σ)：1.70,
ABC領域の幅は1σ

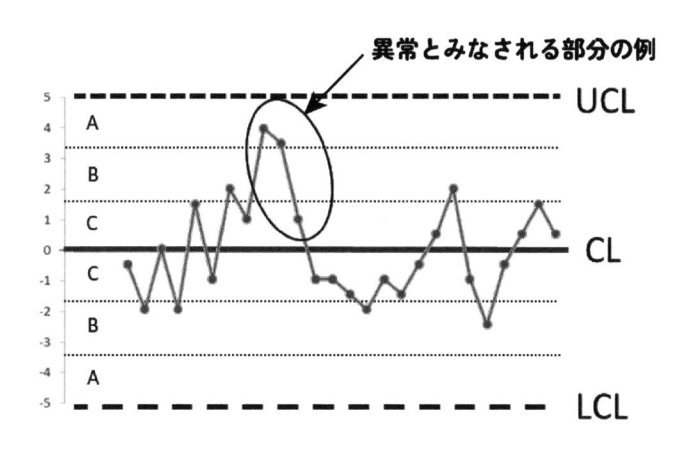

異常とみなされる部分の例

# 計量値管理図

Variable control chart

管理図はその対象とする値が計量値か計数値かで, 大きく2つのタイプに分かれる。連続した数値を対象に管理する目的で使われるのが計量値管理図

計量値管理図（variable control chart）は長さ, 面積, 重量, 消費電力, 時間, 温度などの連続した数値を対象にします。

計量値管理図では平均値管理図（mean value control chart）$\overline{X}$（サンプルの平均値をプロット）とデータセット内のバラツキの変化を見るための範囲管理図（range control chart）R（サンプル群内の最大値と最小値の差をプロット）が併用される方法が最も一般的です。

その他, 平均値Xの代わりにそのままのデータXを記録する個別値管理図（individuals control chart）, 範囲Rの代わりに標準偏差sを用いる標準偏差管理図（standard deviation control chart）などがあります。なお, 個別管理図の場合は範囲Rの代わりに個別データの差であるRsが用いられます。

G
データ解析

## Point

［平均値管理図の例］
➤ 納入されてくる建築材料1ロットの内の3本のサンプルの長さ
➤ 販売用に袋詰めしたみかんの重量の平均値（一日に5袋計量）
［個別値管理図の例］
➤ 新築した家屋の一月当たりの消費電力
➤ 配送トラックが配送地点に到着するまでの時間

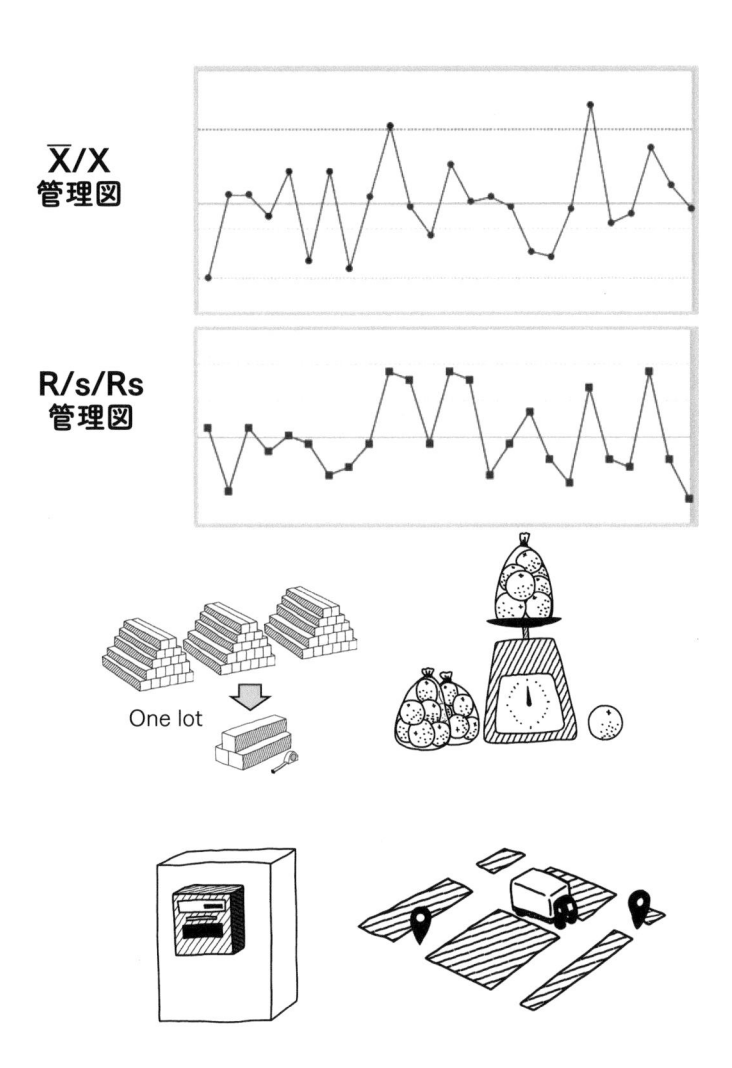

$\overline{X}/X$
管理図

R/s/Rs
管理図

One lot

# 計数値管理図

Attribute control chart

管理図は, 対象とするデータが計量値か計数値かによって, 大きく2つのタイプに分かれる。不適合数や不適合率を対象に管理するために使われるのが計数値管理図

計数値管理図 (attribute control chart) は不適合 (non-conformity) 数, 単位当たりの不適合, 不適合率などを対象にします。不適合率は小数値になるため計量値のように思えますが, 対象となる個数 (整数) を全体の個数で割っただけですので計数値 (attribute value) として扱います。

計数値管理図には大きく次の二種類があります。

① 二項分布 (binomial distribution) に従うケース：商品1つごとに適合, 不適合を判別し不適合率pを管理するp管理図 (p-chart) および, 同様な概念ですが, 検査個数 n が決まっている場合に不適合率pを乗じた不適合数npを管理するnp管理図 (np-chart) があります。

② ポアソン分布 (Poisson distribution) に従うケース：商品の大きさが異なる場合に, 単位当たりのキズなどの欠陥の総数uで管理するu管理図 (u-chart) および, これも同様な概念ですが, 商品の大きさが一定の場合に, 商品内の欠陥の総数cによって工程を管理するc管理図 (c-chart) があります。

## Point 計数値管理図の例

〔p管理図〕 異なる大きさのロットで生産されるケーキの不適合率
〔np管理図〕 一定の大きさのロットで生産される饅頭の不適合数
〔u管理図〕 大きさの異なるパネル板1㎡ 当たりのキズの数
〔c管理図〕 ある消防署における一日の救急車の出動回数
　　　　　 (一定期間に稀に発生する不具合の事象とみなす)

G
データ解析

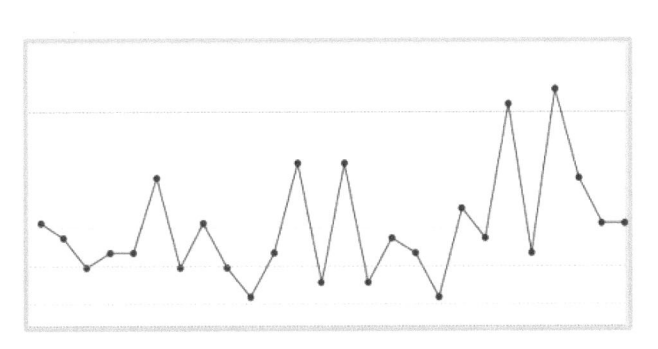

**c管理図**
c-chart

# 親和図法
## Affinity diagram

> 混沌としたはっきりしない状態において，事実あるいは推定，意見などを言語データとして捉え，それらを親和性によって統合し，問題の構造を明確にする手法

次の手順で作成します（川喜田二郎が考案したKJ法が起源）。

① 目的を決める：本質を突き止めたい問題や関係者間で意識を統一したい問題などを設定する。

② 言語データを収集する：ブレインストーミング，アンケート・インタビュー結果などを通じてできる限り多くの言語データを収集する。

③ 言語データをカード化する：収集した**原始情報**（original information）を **1枚1意味**（one card one meaning）で，かつ**主語＋述語**（subject + predicate）の短文で表現することに留意してカード化する。

④ 言語カードを**寄せる**（gather）：真意がよく似た，すなわち**親和性**（affinity）のあるカード2枚を基本寄せる。どのグループにも入らないカードは**一匹狼**（lone wolf）としてそのままにしておく。

⑤ 親和カードの作成と寄せを繰り返し行う：カードを寄せた後にその親和性の高いカード対の真意を表す親和カードを作る。寄せたカードの上に親和カードを**重ねて束にして**（pile up），元のカード群の中に戻す。

⑥ 親和図を作成する：親和カードに枠取りを加えながら原始情報であるグループ化されたデータカードまで展開していく。

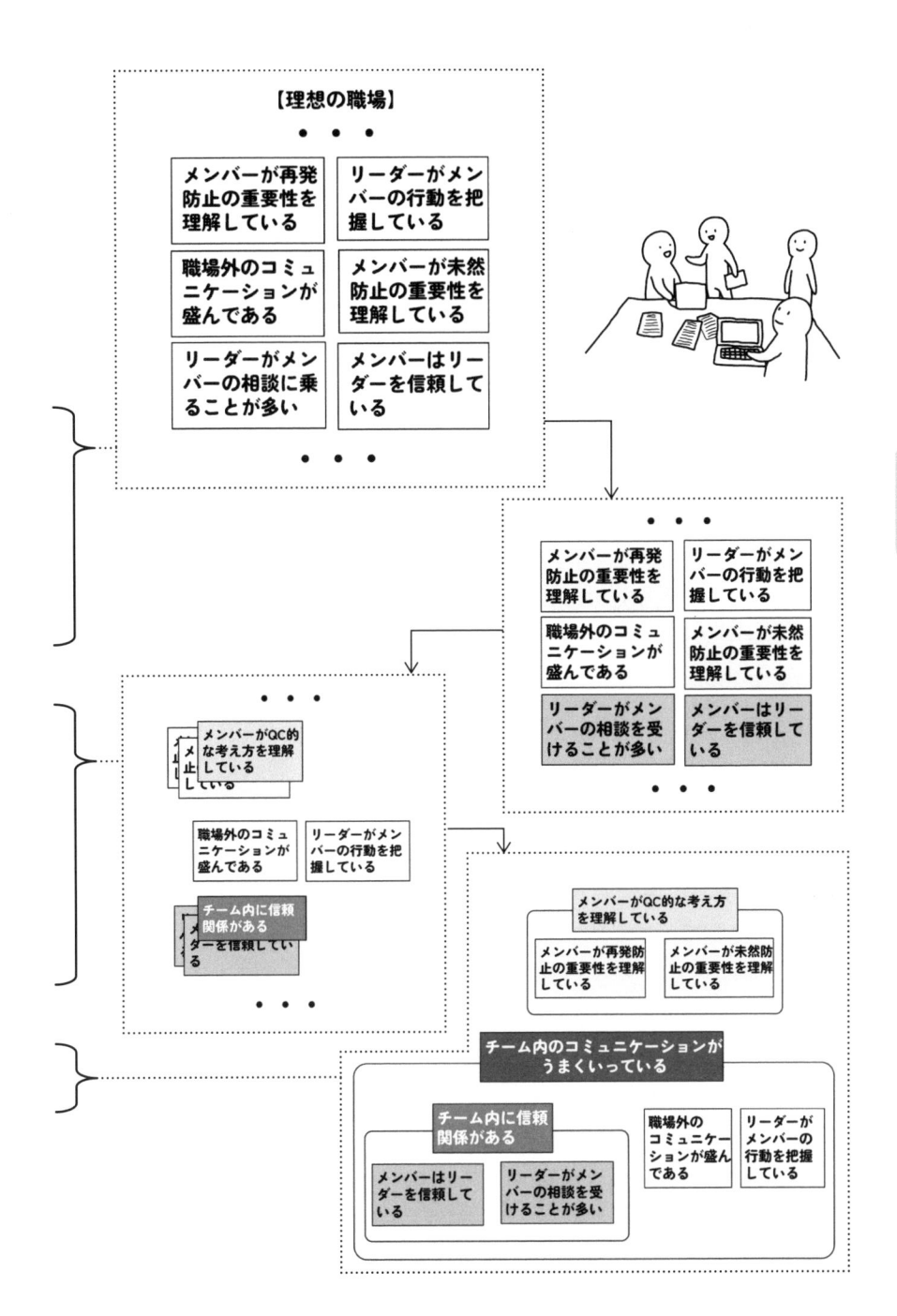

【理想の職場】

- - -

| メンバーが再発防止の重要性を理解している | リーダーがメンバーの行動を把握している |
| 職場外のコミュニケーションが盛んである | メンバーが未然防止の重要性を理解している |
| リーダーがメンバーの相談に乗ることが多い | メンバーはリーダーを信頼している |

- - -

| メンバーが再発防止の重要性を理解している | リーダーがメンバーの行動を把握している |
| 職場外のコミュニケーションが盛んである | メンバーが未然防止の重要性を理解している |
| リーダーがメンバーの相談を受けることが多い | メンバーはリーダーを信頼している |

- - -

メンバーがQC的な考え方を理解している

| 職場外のコミュニケーションが盛んである | リーダーがメンバーの行動を把握している |

チーム内に信頼関係がある

- - -

メンバーがQC的な考え方を理解している

| メンバーが再発防止の重要性を理解している | メンバーが未然防止の重要性を理解している |

チーム内のコミュニケーションがうまくいっている

チーム内に信頼関係がある

| メンバーはリーダーを信頼している | リーダーがメンバーの相談を受けることが多い | 職場外のコミュニケーションが盛んである | リーダーがメンバーの行動を把握している |

# 連関図法
## Interrelationship diagram

複雑な問題や情報を扱う際に，関連する要素や因果関係を視覚的に
表現することで，問題の構造を明確にする手法

複雑な原因のからみ合う問題について**矢線**（arrow）を用いその**因果関係**（causal relationship）を明らかにすることを通じて，適切な**解決策**（solution）を次のステップで見出す手法です。

① テーマを決める

➢ ○○が△△しないのはなぜか

➢ なぜ○○が△△にならないのか

【例】
・風邪ひき患者が減少しないのはなぜか
・なぜ新商品が現行商品のように売れないのか

② １次原因を選定する

➢ テーマを念頭に置き，問題の具体的な現象を考えてテーマの周辺に配置し，１次原因とする（４～６項目程度）

③ ２次原因，３次原因……と原因を掘り下げる

➢ ２次原因を抽出し，１次原因の外側に配置する

➢ 因果関係を矢線で結ぶ（矢線の方向は原因から結果に向ける）

➢ ３次原因，４次原因……を抽出し，因果関係を矢線で結ぶ

➢ 「なぜ，なぜ」を繰り返した原因の掘り下げと同時に，これらの原因だけでこの事象が起きるのかと，原因から結果を見直すことで，抜け漏れを防ぐ

➢ 問題の現場に連関図を持参し，現物確認をすることも効果的

④ 主要原因を特定する

➢ テーマに対して大きく影響を及ぼしている原因を読み取り，**主要原因**（main cause）を特定する

➢ 主要原因となる候補は矢印の出入りが多い原因や矢印の根底にある原因に着目する

➢ 主要原因は２次原因以降から抽出する

➢ 主要原因に関連する数値データが取れるときには，データから問題を具体化する

⑤ 連関図から得られる情報から改善活動を提案実施する

テーマ：夕飯時に食欲がないため，その理由を分析し，食生活の改善を図る

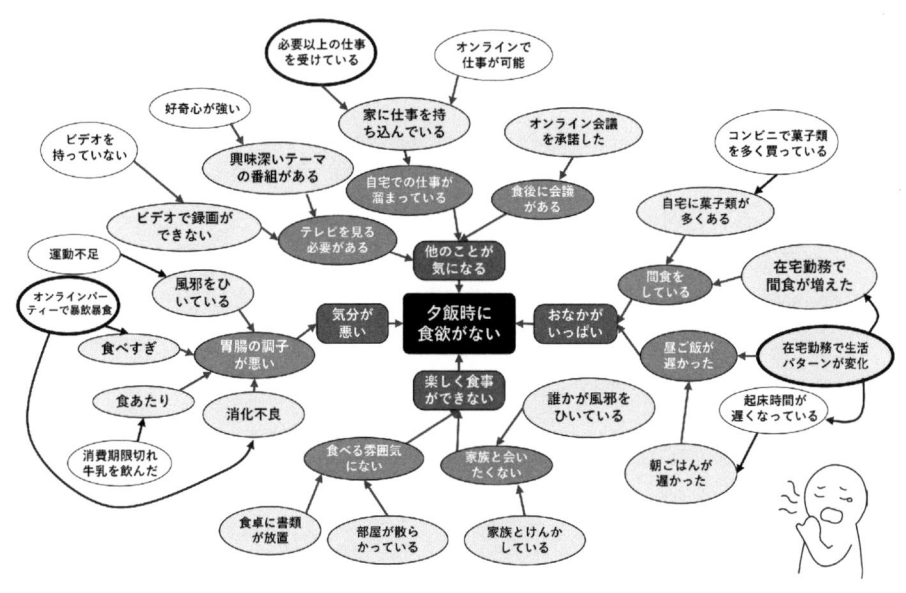

　矢印の出入りが多い原因や矢印の根底にある原因に着目し，次の改善策を得る。

➤ 在宅勤務（remote work）になっても必要以上の仕事を自宅に持ち込まない

➤ オンラインパーティでも節度は保ち，生活パターンを守る

BT
96

**Point**

特性要因図は，原因と結果の直線的な関係に焦点を当て，問題の原因を特定し，それぞれの原因がどのように結果に影響を与えるかを体系的に分析するために使用されますが，連関図は，因果関係が不明確な複雑な問題において，要因間の複雑なネットワークを示すことで，それらの関連性を識別する際に有効です。

なお，連関図から得られた重要な問題をテーマとした特性要因図を作成し，問題を掘り下げ，さらなる問題の特定と改善活動につなげるという方法も考えられます。

# 系統図法 —手段探索
## Tree diagram: Exploration of means

複雑な問題を小さな管理可能な部分に分解していき，
目標を達成するための手段を階層的に示す手法

系統図法は目的を達成する最適手段を系統的に展開していく手法で，以下のステップを繰り返していきます。

① テーマを決める

 &#10148; ○○が△△する

 &#10148; ○○を△△するためには

> 【例】
> ・売上シェアを上げるための行動プランをまとめる
> ・地方都市が活性化するための施策の策定

② 基本目的および制約条件を設定する

 &#10148; 各目的の最上位の目的（基本目的）について定義し，これを最適手段選定時の評価尺度とする

 &#10148; 手段を展開していくプロセスにおいて，リソースは**無尽蔵**（inexhaustible）ではないため，**実現可能性**（feasibility）を担保するために，コスト面，**納期**（delivery time）面などで制約条件がないかの確認を行い，あれば基本目的の下に注記しておく

③ 1次手段の抽出

 &#10148; 基本目的をいくつかの着眼点に分け，1次手段とする（2～6つが目安）

 &#10148; 基本目的を達成するためにはこのようなことを実施しなければならない，という観点から決定し，「○○を△△する」という表現で記述する

④ 2次以降の手段を展開する

 &#10148; 1次手段を目的と捉え直し，この目的を果たすための2次手段を考える

 &#10148; 2次手段を目的として3次手段，3次手段を目的として4次手段と順々に展開する

 &#10148; 最末端手段は，誰が，何を，どのように実施するのかが具体的にわかるレベルにまで，手段展開を行う（通常，3～4次手段まで展開）

⑤ 目的-手段の関係を確認し，**抜け漏れ**（oversight）をチェック修正する

G
データ解析

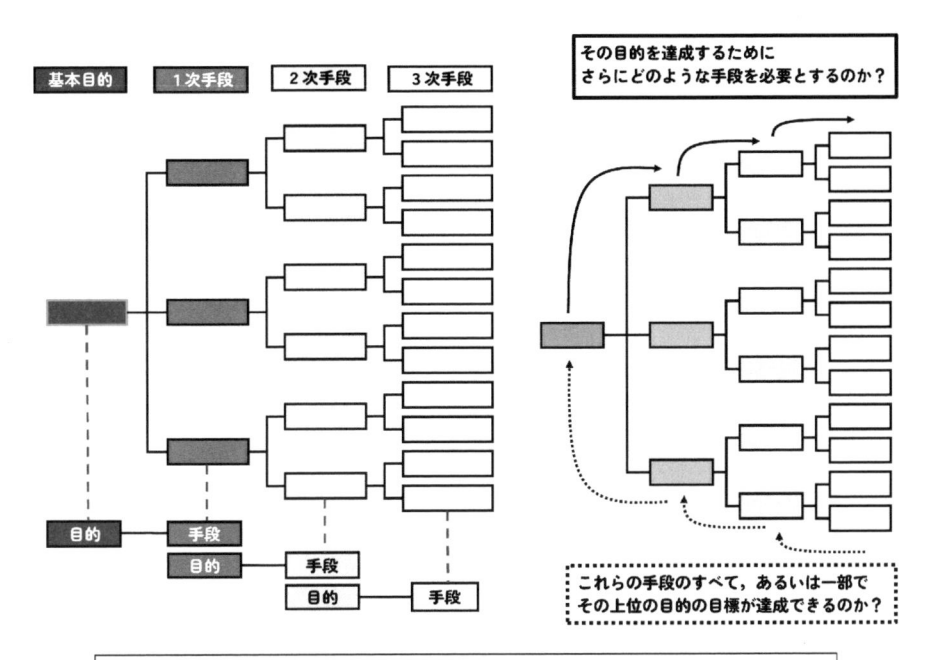

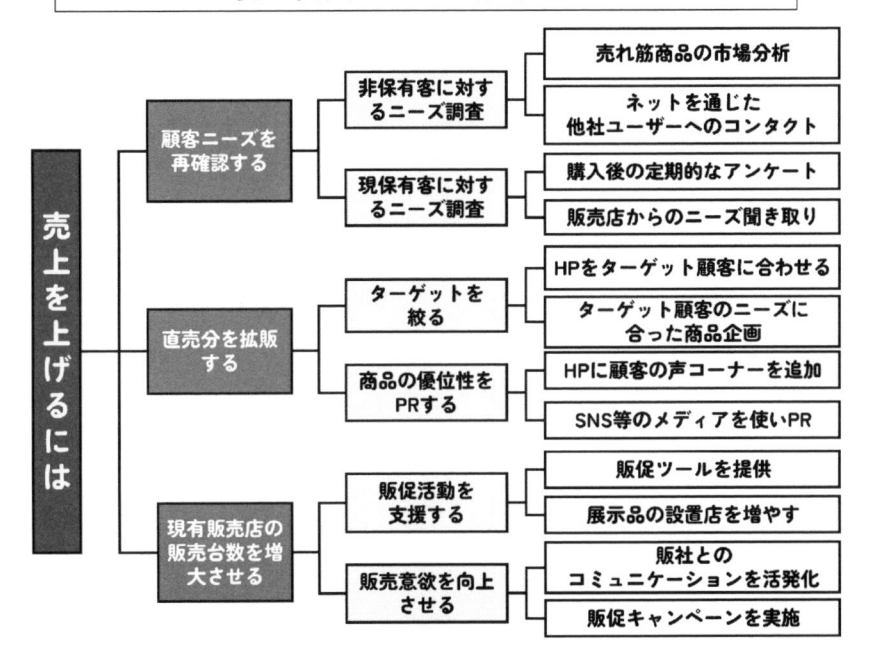

# 系統図法 ─手段選択

Tree diagram: selection of means

系統図法でテーマ問題解決のための複数手段の中から実行する
手段を選択する手法

系統図法からは，テーマ問題解決のために複数の手段が浮かび上がって
きますが，これらの手段をすべて実行するのは**現実的**（realistic）であり
ません。また，**定性的**（qualitative）な表現が多く具体的な評価が困難です。
そこで対策案の数値化を行い，効果的な手段を可能な範囲で選択していき
ます。以下の手順で行います。

① 評価項目を決める
➤ その対策手段を選択した場合の効果
➤ その対策手段の**実現可能性**（feasibility）（コスト面，納期面などに関
しての注記を参考にする）
➤ その他，会社のビジョンに合致するか，**社会的信頼**（social trust）は
維持できるかなど，必要に応じて付け加える

② 評価の実施
➤ 各評価項目について３段階，５段階レベルで評価し，結果をマトリ
クスに記入し，ランクを計算する。その際，和にするのか積にするの
かは状況に応じて評価者が判断する

③ 選択基準
➤ あらかじめ対策として選択するランクのレベル
を決めておき，それに基づいて選択し，戦略を策
定する

**テーマ：売上拡大のための行動プランを立てる**

| | 1 | 3 | 5 |
|---|---|---|---|
| | × | △ | ○ |

| 評価 | | | 対策基準 |
|---|---|---|---|
| 効果 | 実現性 | ランク | 9 以上 |

売上を上げるには

| 中項目 | 小項目 | 具体策 | 効果 | 実現性 | ランク | 対策基準 |
|---|---|---|---|---|---|---|
| 顧客ニーズを再確認する | 非保有客に対するニーズ調査 | 売れ筋商品の市場分析 | △ | ○ | 8 | |
| | | ネットを通じた他社ユーザーへのコンタクト | ○ | × | 6 | |
| | 現保有客に対するニーズ調査 | 購入後の定期的なアンケート | △ | △ | 6 | |
| | | 販売店からのニーズ聞き取り | △ | △ | 6 | |
| 直売分を拡販する | ターゲットを絞る | HPをターゲット顧客に合わせる | ○ | ○ | 10 | 対策実施 |
| | | ターゲット顧客のニーズに合った商品企画 | ○ | ○ | 10 | 対策実施 |
| | 商品の優位性をPRする | HPに顧客の声コーナーを追加 | ○ | ○ | 10 | 対策実施 |
| | | SNS等のメディアを使いPR | △ | △ | 6 | |
| 現有販売店の販売台数を増大させる | 販促活動を支援する | 販促ツールを提供 | △ | △ | 6 | |
| | | 展示品の設置店を増やす | ○ | × | 6 | |
| | 販売意欲を向上させる | 販社とのコミュニケーションを活発化 | △ | △ | 6 | |
| | | 販促キャンペーンを実施 | ○ | △ | 8 | |

⬇

**ターゲットを絞った対応を中心に直売を通じて売上拡大を目指す**

## Point

特性要因図や連関図法は問題の設定とその原因を探索していくという「なぜ，なぜ」の視点であり，系統図法は目的の設定とその達成手段という「そのためには，そのためには」という視点の手法です。特性要因図や連関図法で問題の原因を特定し，その原因の解決を目的と置き，系統図法を用いることで対策手段が明確化されます。これらの手法を組み合わせて使うことで，効果的な問題解決が可能となります。

# 日本語索引

[数字は BT 番号]

［数字はBT番号］

# 英語索引

## ［著者紹介］

平見　尚隆（ひらみ・なおたか）

香川大学 創造工学部 教授
広島大学 客員教授

広島大学附属高校，早稲田大学理工学部卒
1986年 早稲田大学工学修士
1994年 ケンブリッジ大学博士号（Ph.D.）取得

マツダ株式会社で研究開発と企画業務に従事，フォードの各国際拠点においても商品企画を担当，メキシコでマツダ関連法人の設立，経営も行う。その後，広島大学で産学連携活動に従事，現在は香川大学創造工学部の教授で，造形・メディアデザインコースで教鞭をとる傍ら，JICA日墨研修「起業とイノベーション・エコシステム形成」コースを受託するなど起業家育成にも積極的に取り組んでいる。著書多数，ペンシルベニア大学ウォートン・スクールExecutive Development Program修了，中小企業診断士，1級ファイナンシャルプランニング技能士，Professional Engineer（ミシガン州登録），柔道二段，趣味はラテンアメリカ諸国での野鳥の写真撮影。

イラスト協力：山下あすか

2025年3月20日　初版発行　　　　　　　　　　　　略称：ビジネスツール98

### 課題解決に役立つ　ビジネスツール98
―これだけはおさえておきたい経営理論＆フレームワーク―

著　者 ©　平　見　尚　隆
発行者　　中　島　豊　彦

発行所　　同文舘出版株式会社
東京都千代田区神田神保町1-41 〒101-0051
電話 営業(03)3294-1801 編集(03)3294-1803
https://www.dobunkan.co.jp

Printed in Japan 2025

製版：一企画
印刷・製本：萩原印刷

ISBN978-4-495-39096-9